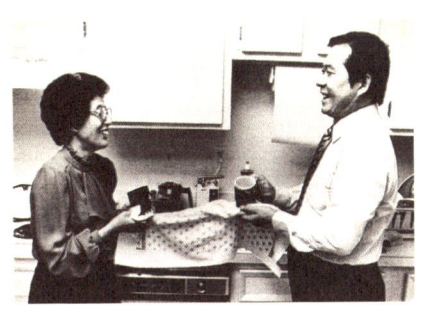

김대중·이희호 대통령님 부부
탄생 100주년을 맞아
이 책을 두 분의 영전에 바칩니다.

- 최성 -

김대중
잠언집
⁑배움⁑

ⓒ 최성 2023

인쇄일 2023년 3월 10일
발행일 2023년 3월 24일

엮은이 최성
펴낸이 백은숙
디자인 그래픽웨일
펴낸곳 K-크리에이터
등록번호 제 2019-000192호
주소 서울시 영등포구 국회대로 800, 724호(여의도동, 파라곤)
전화 02-932-0001   **팩스** 050-7075-9057   **이메일** choisung21@daum.net

ISBN 979-11-971622-7-5 (04190)

* 잘못된 책은 구입한 곳에서 환불 또는 교환하실 수 있습니다.
* 책값은 책 뒤표지에 있습니다.
* 이 책의 판권은 지은이와 K-크리에이터 출판사에 있습니다.
  본 책 내용의 전부 또는 일부를 재사용하려면 반드시 저작권자의 서면 동의를 받아야 합니다.

김대중 잠언집
배움

DJ SECRET NOTE

최성 엮음

"초판 17쇄 4만부 이상 판매된
베스트셀러"

K
크리에이터

<전면 개정판>　| 서문 |

절망에서 성공하는 비결 :
DJ 시크릿 노트

　《시크릿 노트》 텀블벅 시리즈는 김대중-이희호 부부의 탄생 100주년을 기념하는 프로젝트다. 《김대중 잠언집: 배움》의 전면개정판은 이 시리즈의 2권으로, 김대중-이희호 전기(傳記)라 할 수 있는 《시크릿 노트》(1권)와 밀접한 연관이 있다.

　1권은 대통령 내외의 삶 100년을 재조명하며 '절망에서 성공하는 비결'을 알려준다. 한편, 《김대중 잠언집: 배움》(2권)은 김대중의 주옥같은 인생철학과 행복한 부자가 되기를 꿈꾸는 지구촌의 모든 시민들에게 큰 울림으로 다가올 잠언들로 구성되어 있다.

　《김대중 잠언집: 배움》은 《특별한 1%의 행복한 부자노트》(3권)로 이어져 '진짜 행복한 삶을 찾아 나서는 지적 여행'을 떠난다. 여기서는 김대중과 이희호 부부가 살았던 100년 인생이 우리 모두의 삶과 깊게 연결되어 있음을 깨닫게 될 것이다.

　2007년 5월 18일, 5·18 민주화운동 27주년을 맞아 출간된 《김대중 잠언집: 배움》은 김대중 대통령이 생전에 나에게 들려주신 소중한 말씀과 가르침을 모은 책이었다. 이 책은 사전에 김대중 대통령께 양해를 구하고 김 대통령과의 운명적 만남이 이루어졌던 30대 중반의 나이부터 직접 건네받은 '시크릿 노트와 메모'를 토대로 엮어 세상에 선보였다.

놀랍게도 《김대중 잠언집: 배움》은 출간 이후 초판 17쇄, 4만 부 이상 판매되는 베스트셀러 대열에 올랐다. 63빌딩 6·15 기념행사장에서 만난 김대중 대통령과 이희호 여사는 "실제 했던 말보다 더 멋지게 나왔다"며 함박웃음을 지으셨다. 이후 나는 김대중 대통령의 뜻을 이어가기 위해 청와대 외교안보비서실을 사직하고 나와 17대 국회의원, 재선 고양시장을 역임했다. 이 과정에서 김대중재단의 김대중 사상 계승발전위원장으로서 다양한 사업을 추진했다.

하지만 "사람은 살면서 자기 힘으로는 어쩔 수 없는 난관이나 불운에 부딪힐 수 있다"라는 김대중 대통령의 조언처럼 내게도 감당하기 어려운 시련이 닥쳤다. 탄탄대로처럼 보였던 내 정치 행보에 이해하기 어려운 공천학살이 두 번이나 자행된 것이다. 극단적 선택을 고민할 정도로 절망적이었던 상황 속에서 내가 자주 찾은 곳은 김대중 대통령의 고향, 하의도였다.

그러던 어느 날, 김대중 대통령 생가의 전시관을 방문했을 때 내 눈에 《김대중 잠언집: 배움》이 들어왔다. 김대중 대통령의 《옥중서신》, 《김대중 자서전》, 《이희호 자서전 동행》이 함께 전시되어 있었다.

내 가슴을 벅차게 한 것은 여기에 그치지 않았다. 생가 입구에 놓인 다양한 전시물 중에는 《김대중의 3단계 통일론》, 《The Sunshine Policy》 등의 서적이 있었다. 김대중 대통령께서 '시크릿 노트' 형태로 내게 직접 전달해 최초의 작업이 시작된 결과물이었다. 가장 중요한 위치에 전시되어 있다는 것이 감개무량했다.

나는 정계에서 은퇴한 김대중대통령께서 영국 케임브리지 대학에서 유학할 당시 30대 중반의 나이에 발탁되었다. 이 역사적 운명은 이제 이순(耳順)의 나이까지 이어져 크고 작은 추억을 쌓아 왔다. 그리고 나는 하의도에 가져간 김대중 대통령 관련 모든 서적을 읽으면서 몇 날 밤을 지새 집필에 몰두했다.

반민주적인 두 번의 공천학살에 대한 개인적 분노는 당연히 존재했다. 하지만 더욱 견디기 힘들었던 것은 일국의 대통령이 되려는 후보들의 도덕성과 무책임한 정치행태였다. 유튜브 채널 <최성TV>를 통해 '깨어있는 시민', '행동하는 양심세력'과 소통하려 노력했지만, 대한민국의 정치 현실은 실로 처참하고 부끄러울 따름이었다.

이후 나는 김대중의 자취를 좇아 생가가 있는 하의도, 청년 시절 사업과 정치를 시작한 목포, 이른바 동교동 시대를 열었던 연세대학교의 김대중 도서관을 여러 차례 찾았다. '김대중 대통령과의 역사적 대화'를 위함이었다. 그리고 대권 4수 만에 김대중 대통령을 당선시켰고 내가 8년 동안 시장직을 역임한 일산의 사저도 방문했다.

여기서 그치지 않고 이낙연 전 국무총리를 비롯해 옛 해외 민주화 동지들과 김대중 선생의 워싱턴 망명 시절 민주화 행적을 따라가기도 했다. 이른바 'DJ 여로(旅路) 프로그램'이었다. 나아가 워싱턴 DC, 뉴욕, LA를 비롯해 독일 등 세계 각국의 민주화 동지들과 지금까지도 소통을 이어오고 있다. 이를 바탕으로 오는 2024년 1월 6일을 목표로 <김대중 대통령 탄생 100주년 기념 글로벌 민간위원회>를 출범해 다양한 프로젝트를 진행 중이다.

《김대중 잠언집: 배움》은 전면개정을 통해 새로운 모습으로 다시 세상과 소통을 시작하려 한다. 전면개정판《김대중 잠언집: 배움》이 초판과 다른 점

전면 개정판 서문

은 구성 방식이다. 초판이 '미래 젊은 세대를 위한 김대중 대통령의 잠언'이었다면, 이번 전면개정판은 '절망 속에서 희망과 성공을 꿈꾸는 모든 시민에게 삶의 지혜를 주는 잠언'으로 구성했다. 특히 '도덕성을 상실하고 국민과 역사를 바라보기 보다는 사리사욕과 탐욕에 집착하는 정치권을 향한 김대중 대통령의 통렬한 질타'를 대폭 보강했다. 대한민국에서 평범하게 살아가는 국민이 더욱 행복한 삶을 영위하는 데에 《김대중 잠언집: 배움》이 조금이나마 기여할 수 있다면 더 바랄 것이 없을 것이다.

《김대중 잠언집: 배움》 초판을 발간한 김선식 '다산북스' 대표의 결단이 없었다면 15년 만의 전면개정판 출간은 불가능했을 것이다. 김대중-이희호 대통령 부부 탄생 100주년 기념 프로젝트의 하나로 '텀블벅 크라우드펀딩'을 진행하는 과정에서 김 대표는 판권 일체를 내게 무상으로 이양했다. 이 지면을 빌려 거듭 감사의 인사를 전한다. 이 밖에도 《김대중 잠언집: 배움》의 전면개정판이 새로운 내용을 대폭 보강하여 출간되기까지 자료의 수집·정리·편집디자인에 이르기까지 열정을 다해준 문대열 프로젝트 매니저와 그래픽 웨일의 이승현 실장께도 특별한 감사의 말씀을 드린다.

끝으로 대한민국 국민은 물론 전 세계에 지대한 영향을 미친 '글로벌 민주·인권지도자'인 김대중-이희호 부부의 삶에 경의를 표한다. 김대중 대통령 탄생 100주년을 앞둔 지금까지 부족한 내게 과분한 사랑과 가르침을 주신 두 분께 무한한 존경을 표한다. 더불어 <텀블벅 시크릿 노트 시리즈>가 출간되기까지 매우 어려운 경제여건 속에서도 물심양면의 지원을 해준 사랑하는 아내와 가족들에게도 진심어린 감사와 사랑의 말을 전하고 싶다.

2023년 3월
하의도 김대중 대통령 생가에서
최성

| 엮은이의 글 | <초판>

"그에게 배움은
시작만 있을 뿐 끝이 없다"

　메모를 한다는 것, 종이 위에 깨알 같은 글씨로 자신의 생각을 정리하고 감정을 쏟아내고 구상을 펼치고… 이 사소하고도 일상적인 행동을 일생 동안 반복한다면? 그럴 때 그것은 이미 사소한 메모의 수준을 넘어선다. 그것은 이미 한 인간의 삶을 갈무리하는 소중한 자산이 된다. 또한 그것은 아직 생을 다 경험해보지 못한 젊은이들에게 더없이 옹골찬 조언이 될 수 있다.

　나 역시 곁에 두고 종종 들여다보는 소중한 메모가 있다. 그 메모들은 글쓴이의 마음을 그대로 담고 있어, 보면 볼수록 '아… 당신의 삶은 이토록 치열했구나. 매순간 혼신의 힘을 기울여 사유하고 고민하고 앞으로 나아 갔구나'라는 감정을 불러일으킨다. 살면서 어떻게 자신의 신념을 지킬 것인가, 무슨 일에 매진할 것인가, 어떤 기준으로 인생을 갈고 닦을 것인가. 그 메모에는 삶에 대한 고민의 흔적이 고스란히 담겨 있다. 그래서 들여다볼 때마다 내게 여러 가지 생각을 떠올리게 한다. '두 개의 김대중 친필메모' 그것은 바로 내게 그런 의미다.

엮은이의 글

　김대중 전 대통령의 평화철학과 통일구상을 담은 '3단계 통일론'의 초기구상 메모가 그 첫 번째요, 자신의 파란만장한 인생을 돌아보며 진솔하게 적은 메모가 그 두 번째다. 이제는 과거의 사유가 돼버린, 지극히 개인적인 메모들이 내 가슴을 울리는 이유는 무엇인가. 그것은 '지금 나의 삶은 어떠한가? 나는 원하는 삶을 살고 있는가?'라는 생각을 떠올리게 하는 동시에, 김대중이란 한 인간의 솔직담백한 면을 진솔하게 보여주기 때문이다. 삶의 질곡을 온몸으로 견디고, 수차례 죽을 고비를 넘기는 여정 속에서도 스스로의 삶을 메모하고 수정하고 꾸준히 발전시켜나가는 모습은 누구에게나 아릿한 감동을 준다.

　그는 죽음의 공포 앞에서도 메모를 멈추지 않았다. 그럼으로써 자신의 인생철학과 신앙심의 깊이를 더욱 견고하게 다져나갔다. 《김대중 옥중서신》과 《새로운 시작을 위하여》는 바로 그 치열한 글쓰기의 산 증거물이다. 옥중에서 죽음의 공포와 맞닥뜨렸던 극한적 상황에서부터 대통령 당선, 노벨평화상 수상이라는 최고의 영예를 누리던 순간에 이르기까지 단 한 번도 변하지 않았던 그의 습관, 메모를 통해 더 나은 삶을 계획하고, 반성하고, 실천하는 모습이야말로 내가 김대중 전 대통령으로부터 배운 가장 소중한 지혜일 것이다. 여행지에서도 마찬가지다. 좌절감이 엄습해올 때, 고민이 머릿속에서 사라지지 않을 때 그는 어김없이 여행을 떠난다. 그곳에서 가족과 함께 느린 시간을 보내면서 평소에 사두었던 책을 읽고 인생을 다시 설계한다. 그리고 언제나처럼 일상을 메모한다. 그는 그것을 자신과의 대화이자 삶의 기록이며 배움의 과정이라고 여겼다.

그는 성공을 묻기보다는 어떻게 살아갈 것인가를 고민했다. 부모에게, 아내에게, 거리의 이름 모를 꽃들에게 삶을 물었고 사유할 대상을 찾아냈고 결국 스스로 결론을 내리고 다시 그것을 발전시켜 나갔다. 결단하기까지는 숙고를 거듭 하고, 한 번 결단을 내린 후에는 뒤돌아보지 않고 주저 없이 실행하는 추진력이 바로 김대중 철학의 힘이요, 변함없는 영향력의 근원인 셈이다. 그에게 있어 일생이란 배움의 한 과정이며 그 배움은 시작만 있을 뿐 끝이 없다.

그는 대통령직에서 물러난 후로도 자신이 처한 위치에서 인간사와 세상사를 주의 깊게 살펴보고 절제된 표현으로 때로는 백 년 앞의 비전을, 때로는 눈앞의 현실적 과제를 풀어나가는 삶의 지혜를 제시했다. 이러한 노력은 그의 삶을 날마다 새롭게, 풍요롭게 만들었을 뿐 아니라 왜곡된 정보 때문에 한때 그를 거부했던 여러 사람들을 감동시키기에도 충분했다.

이 책은 그의 메모들 중 가장 진실한 울림을 지닌 메모들만 선별해서 수록했다. 아태평화재단과 청와대에서 10년 가까이 김대중 전 대통령을 모시면서 혼자만 가슴에 새기기에는 너무 아까운 주옥같은 말씀을 많이 들었고, 이제 그것을 '김대중 잠언집'의 형태로 엮어서 그와 독자들 간의 진솔한 대화마당을 주선하려는 것이다. 이 잠언들은 새롭게 배움의 길을 걷는 젊은이에게, 사회에 첫 발을 내딛은 후 혹독한 시련에 마음을 다친 사회인에게 진정한 배움의 길, 행복과 성공의 길이 무엇인지를 잔잔히 알려주기에 충분하다.

내가 그랬던 것처럼, 이 경험의 글들이 누구에게나 새로운 희망의 메시지가 되기를, 누구에게서도 들을 수 없는 인생의 진실한 조언이 되기를 희망한다. 더불어 여기에 담긴 잠언들 중 일부라도 실천에 옮길 수 있다면 가정에 행복이, 인생에 성공이 있을 것이라 확신한다.

끝으로 이 책을 엮는 것을 흔쾌히 허락해주시고, 분에 넘친 격려를 보내주신 김대중 전 대통령님과 이희호 여사님께 진심으로 감사의 말씀을 드린다. 또한 분단시대 군부권위주의정권 시절 이 땅의 민주주의와 평화, 김대중 사상의 실천을 위해 먼저 가신 저 세상의 영령들에게 이 책을 바치며, 책이 출간되는 마지막 순간까지 투혼을 발휘해준 다산북스의 김선식 사장과 관계자 여러분께도 깊은 감사를 드린다.

2007년 5월 가정의 달에
최성

| 목차 |

김대중
잠언집
: 배움 :

전면 개정판 서문   4
엮은이의 글   8

하나. 절망적 위기의 순간이 찾아왔을 때

운명이 내민 도전장 / 불운을 만났을 때 / 불행 뒤에 있는 행운   23/24/25

행운은 때로는 험한 모습으로 온다 / 우리는 넘어지면   26/27

값있고 행복한 일생 / 자신의 삶을 메모하라   28/29

문제점보다 더 많은 가능성   30

우리의 대처 여하에 따라서 / 흔들리지 않고 믿어야 할 한 가지   32/33

낙심하거나 좌절하지 않는다면 / 개혁과 변화를 거부하면 미래가 없다   34/35

우리가 가장 두려워 해야 할 것은 / 중요한 일과 중요한 것 같이 보이는 일   36/37

어느 날 갑자기 찾아오는 봄 / 의심할 바 없는 길   38/39

살아야 할 의미와 이유 / 아무리 삶이 고통스럽더라도   40/41

김대중
잠언집
: 배움 :

둘. 절망을 성공으로 만드는 비결

죽음과 같은 절망을 이겨내는 비결	44
인생의 위대한 성공은 절망의 시절에 나온다	45
절망 속에서 나에게 용기를 준 것	46
인생에서 성공하는 비결 / 인생 성공의 가장 큰 요소	48/49
올라갈 때와 내려갈 때 / 역경과 순경 / 감옥에서의 3가지 즐거움	50/51/52
청년들에게 가장 필요한 것 / 싸우지 않고 이기는 《손자병법》의 비결	54/55
내 생을 의미 있게 하는 것	56
자유경제 하의 기업인의 윤리	57
꾸준히 한 길을 갈 수만 있다면	58
진로문제를 고민하는 젊은이들에게	59
나무와 숲의 조화 / 조화로운 길	60/62
균형 / 시작은 흥미를 갖는 것 / 가장 적합한 때 가장 적합한 생각	63/64/65

김대중
잠언집
: 배움 :

셋. 무엇을 위해 어떻게 살 것인가

세상을 사는 지혜 / 지도층의 도덕적 솔선수범이 중요한 이유	68/69
진정한 리더의 길	70
한 사람이 사회를 망치는 데는 / 나라의 역경을 함께 극복하는 길	71/72
물을 독사가 먹으면 / 강하지만 유연한 길	74/75
역사속에서 진실한 건설자는 / 창조적 모방	76/77
삼국지의 조조를 긍정적으로 평가하는 이유 / 인생을 여행하는 자세	78/79
마지막 승자는 항상	80

넷. 행복한 부자가 되는 비결

진정으로 성공한 부자 / 내가 생각하는 행복한 부자	84/85
황금과 권력을 얻고자 하는 사람은 / 진정한 행복에 이르는 길	86/87
전인적 행복을 이루는 4가지 요소	88
청년 창업에 있어서 가장 중요한 세 가지	89
선택의 기준 / 행복의 발견 / 안락과 행복	90/91/92
행복한 나날 / 내 인생이 의미를 갖기 위해 / 건강의 비결	93/94/95
이기심과 탐욕이 가장 큰 죄악 / 진정한 자유란	96/97

김대중
잠언집
: 배움 :

다섯. 날로 새로워지는 방법

우리를 노예로 만드는 적 (敵)	100
다시 시작하고 또다시 시작하고	101
모든 지식의 시작	102
나를 젊게 만드는 것	103
이 땅의 젊은이들을 위한 세 가지 당부	104
반성하라, 그리고 발전하라 / 근원적인 것과 표면적인 것	106/107
더 큰 스승 / 논리와 경험 그 어느 것 하나도	108/109
문화와 과학 / 사소한 것이 큰 것이다 / 모든 덕 중 최고의 덕	110/111/112
스스로를 경계하라 / 참과 거짓의 진짜 의미 / 대화의 핵심	113/114/115
우리의 최종적인 정복 상대는 / 세상이 내게 아무리 뭐라 해도	116/117
내 옷소매에 눈물이 떨어질 때 / 내 삶의 의미	118/119
세상의 것이 아닌 나의 것으로 / 거울 속 나의 눈	120/121
나를 이긴다는 것 / 마지막 결단은	122/123
날마다 새롭게 시작하는 인생 / 나만의 몫	124/125
미래는 여성의 섬세한 감각이 빛을 발할 수 있는 시대	126
문화 창조력이 국가발전의 원천이다	127
가장 한국적인 것이 가장 세계적인 것이다	128
신명 난 삶을 위하여	129

김대중
잠언집
: 배움 :

여섯. 가화만사성이 행복의 시작이다

가화만사성 / 가족과의 대화에 의식적으로 노력해야 하는 이유	132/133
내게 힘을 주는 가족 / 우리 집안의 세 가지 가훈	134/135
나를 다시 일어서게 하는 것	136
모든 것의 시작은 대화 / 사랑은, 세월이 지나도	137/138
경청은 최고의 대화 / 나와 가장 가까운 사람들	140/141
사랑은 생명을 주는 것	142
완성이 아니라 시작 / 아내와 남편 / 신뢰와 존경	143/144/146
부부는 닮는다 / 인생의 공동 경영자 / 함께 서로를 만들어가며	147/148/149
부부생활의 기술 / 내 몸처럼 소중한 당신	150/151
한 생각, 한 느낌, 한 행동	152
참된 자녀 교육의 길 / '얼마만큼' 보다 '어떻게'가 중요한 사랑	153/154
아이는 작은 것도 놓치지 않는다	155
어릴 때 도덕적 교육이 일생을 지배한다	156
설명이 아니라 느끼는 것	157

김대중
잠언집
: 배움 :

일곱. 행동하는 양심을 위한 길

백성이 제일 귀하고 왕이 제일 가볍다	160
피터 드러커 박사로부터의 배움	162
민주주의 존폐를 좌우하는 3가지 관건	163
지도층의 도덕적 위기 / 백성은 군왕을 권좌에서 물러나게 할 수 있다	164/165
약해도 강한 참된 용기 / 큰 사랑의 길 / 비판의 기술	166/167/168
신념이 주는 용기 / 시시비비 / 비폭력과 무저항의 차이	170/171/172
이순신 장군이 인간으로서 가장 위대한 이유	173
젊은 홍위병 동원이 위험한 이유 / 진정한 애국의 길	174/175
진정한 정치가 할 일 / 올바른 정치인의 길	176/177

김대중
잠언집
: 배움 :

여덟. 더불어 사는 행복한 삶의 길

너그러운 강자의 길	180
두 가지 경쟁 / 가난이 두려운 것이 아니다	181/182
어리석은 미움	183
정치는 예술이다 / 더 나은 세상을 위해 / 모두가 함께 가는 길	184/185/186
용기 있는 자만이 용서할 수 있다 / 화이부동	187/188
조선조 500년 당쟁의 참극	189
전진을 위한 두 개의 수레바퀴 / 하늘의 마음	190/191
자유는 의무 / 내 삶의 존재양식 / 좋은 벗을 얻기 위해서는	192/193/194
나와 같지 않은 사람	195
행인의 외투를 벗긴 것은 태양의 따뜻함	196
국민의 뜻으로	197
산업주의, 민족주의, 민주주의 / 스스로 결정하는 길	198/199
지구적 민주주의를 향하여	200
환경에 대한 투자가 곧 미래에 대한 투자다	201
만물을 형제자매처럼 생각하자	202

김대중
잠언집
: 배움 :

아홉. 아름답게 생을 마감하는 길

참고 견디는 자에게	206
타인 / 아직 오지 않은 날에 대한 믿음 / 권할 만한 위선	207/208/209
마지막 모습 / 뒷모습이 아름다운 사람	210/211
그대 어디에 서 있는가 / 부처님이 도를 깨달은 후에	212/213
길 위에 선 우리	214
악을 대하는 네 가지 태도 / 모두 용서받아야 할 대상	216/217
마음의 평화 / 인간에 대한 사랑 / 상식	218/219/220
내가 존경하는 사람 / 성자와 덕인 / 살아 있다는 증거	221/222/223
생명을 향한 행동 / 드미트리를 구원한 깨달음	224/225
오래 참는 마음	226

김대중
잠언집
: 배움 :

열. 절망에서 성공하는 DJ 시크릿 노트

바람직한 지도자의 4가지 자질	230
한국전쟁의 교훈 / 내 마음의 눈물 / 나의 마지막 소원	231/232/233
정신적으로 위기의 순간에	234
죽음 같은 절망 속에서 흘린 감사의 눈물	236
내 운명이 당장 어떻게 될지라도	237
죽음을 내다보는 한계상황 속에서	238
다섯 번의 죽을 고비 속에 드린 기도 / 사형수의 애끓는 마음	240/243
신은 과연 존재하는가	244
검찰이 바로 서야 나라가 선다	245
인동초의 눈물	246
대통령이 반드시 지켜야 할 15가지 수칙	248
협상을 성공으로 이끄는 대화의 6가지 원칙	249
공개적 유언 / 죽어서도 죽지 마십시오	250/251
죽을 때까지 불의와 싸울 것 / 인생은 생각할수록 아름답다	252/254

본문출처	257
텀블벅 크라우드 펀딩 후원자 명단	267

하나,

절망적 위기의 순간이 찾아왔을 때

DJ SECRET NOTE

DJ SECRET NOTE

운명이 내민 도전장

운명은 인간에게
다음 단계로 올라가라고
도전장을 던진다.
그 단계에 이르면
다른 도전이 와서 또 다른
다음 단계로 올라가게 된다.
그렇게 죽는 순간까지
인간은 도전을 받고 살아간다.
운명의 도전에
효과적으로 응전한 사람은
인생에서 성공한 사람이 되고
그렇지 못한 사람은
낙오자가 된다.

DJ SECRET NOTE

불운을 만났을 때

사람은 살면서 자기 힘으로는 어쩔 수 없는 난관이나 불운에 부딪힐 수 있다. 그러한 때가 오면 결코 당황하거나 서두르지 말고 그러한 시련의 태풍이 지나가기를 기다려야 한다. 다만 다시 때가 왔을 때를 위해 노력과 준비를 게을리 해서는 안 된다.

DJ SECRET NOTE

불행 뒤에 있는 행운

인생은 도전과 응전이다.
어떠한 어려운 도전에도
반드시 응전의 길이 있으며,
어떠한 불행의 배후에도
반드시 행운으로 돌릴 일면이 있다.
이 진리를 깨닫고 실천한 사람은
반드시 인생의 성공을 얻을 것이다.

DJ SECRET NOTE

행운은 때로는 험한
모습으로 온다

인간만사 새옹지마라 했다.
행운은 언제나 아름다운 모습으로 미소를 지으며
우리에게 찾아오는 것이 아니다.
때로는 험한 모습을 띠면서 으르렁거리며 오기도 한다.
오늘의 내가 있는 것은 그러한 시련과 역경에
최선의 대응을 하려고 애쓴 결과라고 생각한다.

> DJ SECRET NOTE

우리는 넘어지면

우리는 넘어지면
끊임없이 일어나
새 출발해야 한다.

인생은
종착지가 없는
도상의 나그네이다.

DJ SECRET NOTE

값있고 행복한 일생

인생의 목표는 무엇이 되느냐는 것보다
어떻게 값있게 사느냐에 두어야 한다.

정상 도달은 경우에 따라서는
이루어지지 않을 수도 있다.
그러나 스스로 값있게 살려고
노력한 일생이었다면
비록 운이 없어서 그 목적한 바를
이루지 못했다 하더라도
그 사람의 일생은
결코 실패도 불행도 아니다.
값있고 행복한 일생이었다고 할 것이다.

DJ SECRET NOTE

자신의 삶을 메모하라

기록이나 역사는 참으로 묘한 데가 있다.
겪을 당시에는 어디가 어딘지
뭐가 뭔지 흐름이 통 보이지 않고
그저 당황하고 분하고 슬프고 그랬는데,
한참 지나고 나서 이렇게 한눈에 더듬어보면
뒤늦게 어떤 방향이나 대처할 길이 분명히 보이니 말이다.
그렇다. 자기 삶을 메모할 줄 알아야 한다.
그것은 지난날들을 정리하는 의미보다는
앞날의 보다 나은 선택을 위해서 필요한 것이다.

문제점보다 더 많은
가능성

나는 어려운 일을 겪을 때마다 백지를 내놓고 가운데에 줄을 긋는다.
그리고 오른쪽에는 내가 안고 있는 문제점을, 왼쪽에는 나에게 아직
남아 있다고 생각되는 가능성들을 적는다.

DJ SECRET NOTE

우리의 대처 여하에 따라서

인간사에는 반드시 좋은 일과 나쁜 일의 양면이 있다.

우리의 대처 여하에 따라서는 좋은 일이 재앙으로 되고
나쁜 일이 복을 가져온다.

부자의 아들이 돈 때문에 타락하고
가난한 집 아들이 그 때문에 분발하듯이

DJ SECRET NOTE

흔들리지 않고 믿어야 할
한 가지

세상이 악한 것 같아도 결코 멸망하지 않는 이유는 무엇인가?
그것은 모든 인간의 마음속에,
본인의 의식 혹은 무의식간에,
진리와 정의에의 갈망이 자리 잡고 있기 때문이다.
이것이 바로 하늘의 뜻이다.
이런 내적 갈망은 계기와 때를 만나서
하나의 꺾을 수 없는 민심으로 폭발해
악의 지배를 좌절시키고 만다.
역사 안에서 많은 창조적 선구자들은
고독하고 절망적인 것처럼 보이는 투쟁을 계속했다.
그는 당대에 그의 노력이
결실을 보지 못할 수 있다는 것도 잘 안다.
민심이란 변덕스럽고, 속기 쉽고, 이기적이며,
겁 많을 수 있다는 것도 잘 안다.
그러나 그는, 백성은 결코 그들의 안에서 울려나오는
진리와 정의를 갈망하는 소리를
오랫동안 외면하지 못한다는 것도 잘 안다.

DJ SECRET NOTE

낙심하거나 좌절하지 않는다면

우리의 믿음은
결코 하루에 완성되지 않는다.
우리는 일생 동안
신앙과 불신앙,
희망과 절망,
해답과 의혹 사이를 방황하는 것이다.

그러나 우리는 그러한 때 낙심하거나
좌절할 필요가 없다.
우리가 하느님에 대한 사랑과 믿음을 간직하며
예수님의 옷소매를 붙잡고 매달리는 한
우리의 어떠한 실수나 죄나 의혹에도 불구하고
하느님은 돌아온 탕자나 베드로의 과오를 용서하시고
구원하시듯이 우리를 구원하시는 것이다.

DJ SECRET NOTE

개혁과 변화를 거부하면
미래가 없다

인생은 도전과 응전이다.
한 가지 성취하면 또 새로운 도전이 오고,
그것을 극복하면 또 새로운 도전이 온다.

개혁과 변화를 거부하면 우리의 미래는 없다.
변화에 발 맞추어 그것을 선도해 간다면
노인도 청년이 되고
그렇지 않으면 청년도 노인이 된다.

DJ SECRET NOTE

우리가 가장 두려워해야 할 것은

변화를 두려워해서는 안 된다.
우리가 두려워해야 할 것은
변화가 아니라 변화를 두려워하는 자세이다.

나는 정체(停滯)를 싫어한다.
현실에 안주하는 것을 가장 경계한다.

DJ SECRET NOTE

중요한 일과 중요한 것 같이 보이는 일

우리는 중요한 일과
중요한 것 같이 보이는 일을
구별할 줄 알아야 한다.
우리는 후일에 되돌아보면 하찮은 일에
중요하다고 매달려
얼마나 많은 인생을 낭비했던가!

DJ SECRET NOTE

어느 날 갑자기 찾아오는 봄

If winter comes, can spring be far behind?
이 말은 만고의 진리다.
그러나 문제는
자연의 봄은 정확히 시간을 지켜 오지만
인생의 봄의 리듬은 아주 불규칙하다는 점이다.
빠를 때도 있고 아주 영원히 안 올 것같이
느껴지는 때도 있다.
일제시대 때 많은 독립투사들이
늦은 봄을 참지 못해 기다림을 포기했다.

그러나 봄은 왔고,
그것은 기적처럼 갑자기 왔다.

DJ SECRET NOTE

의심할 바 없는 길

캄캄한 밤이라도 내일 아침이면
반드시 태양이 다시 뜬다는 것은
의심할 여지가 없다.

나는 악마가 지배하는 지옥에 떨어져도
신이 있다는 것을 믿는다.
그리고 나의 신앙은 역사다.
나는 역사 안에서 정의는
절대로 패배하지 않는다는 것을 믿는다.

또한 나에게 유일한 영웅은 국민이다.
국민은 최후의 승리자이며,
양심의 근원이다.

DJ SECRET NOTE

살아야 할 의미와 이유

"살아야 할 의미와 이유를 가지고 있었던 사람은
대부분 죽지 않았다."

빅터 프랭클은 유태인 수용소의 경우를 예로 들면서
사람은 살아야 할 의미를 갖지 못할 때
참을 수 없어서 죽는 것이지
고통 그 자체 때문에 죽지는 않는다 했다.
이것은 그의 수용소 체험에서 나온 것이어서
한층 호소력 있다.
그의 발언에 기대어 나는
'사람은 참아야 할 분명한 이유와 의미를 가지고 있으면
결코 고통 때문에 포기하지는 않는다'고 말하고 싶다.

DJ SECRET NOTE

아무리 삶이 고통스럽더라도

백유경에서 부처님이 말하기를,
사람으로 태어나기가 얼마나 어려운고 하니 마치 눈먼 거북이가 망망한 대해를 떠내려가다가 썩은 나무토막을 만나서 이를 붙잡고 그 나무토막에 뚫어진 구멍을 찾아 그 구멍을 빠져나가는 것과 같다고 했다.
사람으로 태어난 것의 귀중함을 얼마나 절실히 표현한 말인가? 인간으로 태어난 것이 아주 큰 축복이며 멋있는 일이라는 것은 다른 동물을 볼 때도 알 수 있다. 아무리 삶이 고통스럽더라도 다른 동물 아닌 사람 동물로 태어났다는 것만으로도 삶의 고통과 시련에 대항해서 인생을 의미 있게 살아보겠다는 의욕을 갖기에 충분하지 않은가?

둘,

절망을 성공으로 만드는 비결

DJ SECRET NOTE

DJ SECRET NOTE

죽음과 같은 절망을
이겨내는 비결

내 인생은 온갖 수모와 고통을
참고 견뎌 내도록 운명 지워진 것이었다.
육체적인 고통도 있었고 정신적인 고통도 있었다.

나는 슈퍼맨이 아니다.
연약한 육체와 제한적인 정신을 가진 인간에 불과하다.
울분과 분노로 미칠 것 같은 심정이 되기도 했고,
수없이 많은 좌절감에 빠졌다.

나를 견디게 해준 것은
하느님과 역사와 국민에 대한 나의 철석같은 믿음이었다.

오늘만 참고 견디자,
그러면 내일은 새날이 온다.
내일이 아니면 하루만 더 참자,
어쨌든 참으면 변화가 온다.
그러면서 이를 악물고 참았던 것이다.
나는 이런 믿음 때문에 어떤 어려움도 참고 이겨낼 수 있었다.

> DJ SECRET NOTE

인생의 위대한 성공은
절망의 시절에 나온다

인생의 위대한 성공들이
순경의 시절보다 역경의 시절에 더 많이 쏟아져 나와
그 사람을 역사에 길이 남을 인물로 만드는 경우를
우리는 흔히 본다.

베토벤, 헬렌 켈러, 사마천,
그리고 조선조 말엽의 정다산 등이 그런 사람들이다.

나는 다산이 그렇게 훌륭한 업적을 이뤄낼 수 있었던 원인을
그가 겪은 수많은 역경에서 찾는다.
다산 정약용은 전남 강진에서 18년 동안 유배 생활을 하면서
수백 권에 달하는 주옥같은 불후의 명작을 남길 수 있었다.
《목민심서》와 《경세유표》 등이 바로
유배지에서 나온 대표적 저작물이다.

DJ SECRET NOTE

절망 속에서 나에게
용기를 준 것

나는 원래 용기가 있다기보다는 겁이 많은 사람이다.
우스운 얘기로 밤에 어두운 곳에서는
'도깨비가 나오지 않을까'하고 겁을 낼 정도이다.

그러나 나에게 용기를 준 것은 두 가지이다.

하나는 크리스천으로서의 신앙이다.

진정한 예수의 제자는 고통을 받는 사람을 위해
억압자와 싸우다 십자가에서 죽는 예수처럼
이 사회의 불의와 독재, 부패와 싸우는 사람이다.

둘째는 역사에 대한 신앙이다.

역사를 보면 악을 행한 사람도
당대에 벌을 받지 않은 경우가 있지만
후세에는 반드시 심판을 받게 된다.

반면 바르게 산 사람은
당대에 성공하지 못하는 경우가 있지만
후세에 반드시 진정한 평가를 받게 된다.

DJ SECRET NOTE

인생에서 성공하는 비결

모든 사람이
인생의 사업에서
성공자가 될 수는 없다.

그러나
모든 사람이
인생의 삶에서 성공자가 될 수는 있다.

그것은 무엇이 되느냐에 목표를 두지 않고,
어떻게 사느냐에 목표를 두고 사는 삶의 길을 가는 것이다.

DJ SECRET NOTE

인생 성공의 가장 큰 요소

끈기는 인생 성공의 가장 큰 요소 중 하나이다.
가장 중요한 것은 굳은 의지를 가지고
한 가지 계획을 반드시 끝까지 밀고 나가는 끈기이다.

실천가능한 계획을 세우고
이를 연별, 월별, 주별도 다시 세분해서
한 계단 한 계단 올라가는 자세가 중요하다.

이는 나의 체험의 결과이기도 하다.

DJ SECRET NOTE

올라갈 때와 내려갈 때

산 정상에 오르는 길은 여러 갈래다.
우리는 자기 코스를 정하기 전에
미리 신중히 고려한 끝에 최선의 선택을 해야 한다.
그러나 일단 정하면 결코 변경해서는 안 된다.
가는 도중에 자기 코스가 가장 힘들고
남의 길은 쉬워 보이며 변경의 유혹이 집요하지만
이를 용납해서는 안 된다.
그렇게 일단 정상을 정복하면
꼭대기에서는 어느 길로도 내려갈 수 있는 선택권이 생긴다.
경제인으로 정상을 정복한 사람은 정치인으로도,
교육 사업가로도, 문화의 육성가로도, 외교관으로도
무엇으로나 나아갈 수 있다.

그것은 한 길을 성취하면
다른 길도 구체적인 방법이나 현상이 다를 뿐,
그 원리나 이를 다루는 원칙은 공통되는 것이기 때문이다.
종합적 인격을 갖춘 이후의 어느 전문가는
만 가지의 전문가가 될 수 있는 게 당연하다.

DJ SECRET NOTE

역경과 순경

1. 살다 보면 역경도 만나고 순경도 만나는 게 인생이다.
늘 고민만 있는 것도 아니고 늘 순조롭기만 한 것도 아니다.
역경이라도 잘 대처하면 득이 되고, 순경이라도 잘못 사용하면 독이
된다. 일반적으로 볼 때 아무리 힘들고 감당하기 벅찬 삶이라
하더라도 극복하지 못할 역경은 없는 법이다.

2. 우리는 삶으로 찾아오는 순경과 역경을 마음대로 선택해서
살 수는 없다. 우리가 할 수 있는 것은 다만 어떠한 경우에도
슬기롭게 대처하여 역경을 순경으로 만들거나 그 피해를 최소화
하는 것이다. 또 순경을 잘 활용하여 성공의 길로 나가는 한편,
좋은 환경의 유혹에 이끌려 자기 자신이 타락하지 않도록
주의하는 것이다. 우리가 할 수 있는 것은 항상 이러한 마음의
자세와 최선의 준비를 갖추고 기다리는 것뿐이다.

감옥에서의 3가지 즐거움

감옥에서도 분명 3가지 낙이 있었다.

첫째 즐거움은 단연 독서였다.
    두 번째 즐거움은 가족과의 면회였다.

세 번째는 편지를 받는 즐거움이었다.

DJ SECRET NOTE

청년들에게 가장 필요한 것

인간의 창조적 작업은 엄밀하게 말해서
모두 모방에서 빚어진 것이라고 할 것이다.
문제는 얼마나 창조적으로 모방하여
새로운 자기 것으로 발전시켰느냐에 달려 있다.

그렇다면 창조적 사고를 어떻게 해야 할까?

먼저 모든 일에 흥미를 가지고 그냥 지나치지 말아야 한다.
흥미가 특정 대상에 집중되면 그것은 관찰이 된다.
관찰을 체계적으로 하면서 깊게 파고들면 연구가 된다.
이렇게 집중적으로 이미 존재하는 것에 대해
탐구해 나갈 때 거기에서 비로소 창조적 모방이 일어난다.

우리는 필요할 때 대담하게 모방해야 한다.
그러나 이를 창조적으로 모방할 때만이
나를 키우고 사회적으로 발전시킨다.

DJ SECRET NOTE

싸우지 않고 이기는
《손자병법》의 비결

인류 역사상 가장 뛰어난 전쟁 교범이라고 하는 《손자병법》은
"싸우지 않고 이기는 것이 최고의 승리"라고 말한다.

손자는 그 병법서에서
'병법의 진수는 정도(正道)와 백성의 복리를 지키는 데 있다.
이것을 떠나면 사악한 도구로 전락한다'
고 원칙을 철저히 따지고 있다.

그러나 일단 전술 면으로 들어가면
이간, 모략, 분열, 위장, 선동 등 온갖 술책을 다 가르치고 있다.

DJ SECRET NOTE

내 생을 의미 있게 하는 것

양심에 충실하게 사는 것은
성공적인 인생을 사는 유일한 길이다.
양심을 따라 사는 생만이
인생에 있어서
성공의 진실한 가치를 보장하며,
설사 실패했다 하더라도
우리의 삶을 의미 있게 만들어준다.
양심에 입각한 삶은
현실적으로 성공했든 실패했든
하느님의 축복이 따르기 때문이다.

DJ SECRET NOTE

자유경제 하의 기업인의 윤리

자유경제에 대한 수호자로서의 사명을 가지고
창의와 모험심에 차 있는 인간상의 형성에 노력해야 한다.

기업 운영의 생명은 생산성의 향상이다.
이는 기업의 최우선 목표가 되어야 한다.
경영의 합리화, 기술의 혁신
그리고 노동의 자본 장비율의 향상 등
온갖 노력을 다해야 한다.

기업의 발전이나 이윤의 향상은
오직 생산성 향상만이 그 원천이 되어야 한다는 신념에
기업인은 투철해야 한다.

DJ SECRET NOTE

꾸준히 한 길을 갈 수만 있다면

각자가
앞으로 나아갈 방향을 정하면
10년은 한눈팔지 말고
꾸준히 그 길을 가라.
나의 경험으로는
10년만 자기 가는 길에
전심으로 노력하면
반드시 성공의 터가 잡힌다.

DJ SECRET NOTE

진로문제를 고민하는
젊은이들에게

진로문제로 고민하는 요즘 젊은이들에게
나의 경험담과 함께 꼭 들려주고 있는 말은
10년을 한 우물을 파겠다는 심정으로 일하라는 것이다.
그 정도의 진득함이 있어야 한다.
그래야 승부가 난다.

그저 막연히 한 직장에서 죽은 듯 붙어 있으라는 뜻이 아니다.
자기가 파둔 구덩이에 들어가 주저앉아 있다고 해서
물이 나오지 않는다.
끈질기게 우물을 파야 한다.

10년을 열심히 파면 수맥은 반드시 나오게 마련이다.

DJ SECRET NOTE

나무와 숲의 조화

동양 사람은 숲만 보고 나무를 소홀히 하는 경향이 있고, 서양사람은 나무만 보고 숲을 소홀히 하는 경향이 있다. 어느 쪽도 바람직하지 않다.

동양 사회에서는 사회나 나라를 위해 큰일을 하는 사람이 사소한 것, 이를테면 가족이라든지 일상사에 대해 신경 쓰는 것을 소인배들이 하는 일로 생각한다. 그런 사소한 일에 시시콜콜 관심을 기울이다 보면 큰일을 하는 데 방해가 된다는 논리를 전개한다.

정치나 사업을 하는 사람들 가운데 이런 식의 '큰일주의자'들이 많은 것도 사실이다. 그래서 그런지 몰라도 길을 걸으며 주변에 핀 꽃 한 송이나 거리의 간판에 대해서 관심을 표시하면, 많은 사람들이 좀 뜻밖이라는 반응을 보인다. 큰 것에만 관심 있는 줄 알았더니 그렇게 작은 것에도 관심이 있구나 하는 표정들이다.

나라 일을 걱정하는 김대중과 길가의 이름 모를 꽃에 대해 꼬치꼬치 따져 묻는 김대중 중에서 어떤 것이 진짜 당신의 모습이냐고 묻는 사람이 더러 있다. 그때마다 나는 둘 다라고 대답한다.

나는 큰 사람이 되려고 노력했다. 사사로운 이익을 탐하는 졸장부는 되지 않겠다고 다짐해왔다. 그러나 동시에 작은 일을 깊이 살피고 실수가 없도록 하려고 애써 왔다. 길거리의 꽃을 보고 지구의 운명과 환경을 생각했으며, 거리의 간판을 보고 우리 경제의 흐름과 사회 문화의 변화상을 살폈다.

숲도 보고 나무도 보되, 숲과 나무를 따로따로 보는 게 아니라 밀접한 상호연관 속에서 통합해서 보는 변증법적 사고를 갖추려고 노력했다. 나는 그래야만 사물을 올바르게 판단할 수 있으며, 성공률을 높이고 실패를 줄일 수 있다는 사실을 경험으로 알았다.

DJ SECRET NOTE

조화로운 길

1. 바른 정치인이 되려면
서생적 문제의식書生的問題意識과
상인적 현실감각商人的現實感覺,
이 두 가지를 겸비해야 한다.

2. 어느 분야에서나 성공하려면
서생과 같이 양발을 원칙 위에 확고하게 딛고,
상인과 같이 양손은 자유자재로 구사하는
두 가지 조화 있는 발전을 기해야 한다.

DJ SECRET NOTE

균형

삶의 자세에 있어서도
대소, 완급, 경중 등을
균형 있게 판단하는 자세가 필요하다.
이것이 인생의 성공길이다.

독서를 할 때도 마찬가지다.
정독을 하되,
자기 나름의 판단을 하는 사색이 꼭 필요하다.
그럴 때만이 선인들의 생각을
더 넓고 깊게 수용할 수 있다.

DJ SECRET NOTE

시작은 흥미를 갖는 것

독창적이고 창조적인 사람이 되기 위해서는 먼저 모든 일에 흥미를 가져야 한다. 그것이 시작이다. 흥미가 한 분야로 집중되면 그것을 관심이라고 한다. 관심을 체계화시킨 것이 연구다. 인류의 진보에 기여한 위대한 사상과 업적도 실은 이처럼 흥미를 갖는 아주 단순한 일에서부터 시작된다.

DJ SECRET NOTE

가장 적합한 때
가장 적합한 생각

우리는 전진해야 할 때 주저하지 말며,
인내해야 할 때 초조해하지 말며,
후회해야 할 때 낙심하지 말아야 한다.

셋,

무엇을 위해
어떻게 살 것인가

DJ SECRET NOTE

DJ SECRET NOTE

세상을 사는 지혜

인생에 있어서 중요한 것은
'되는' 것이 아니라 '사는' 것이고,
'무엇'이 아니라 '어떻게'라는 것이다.

'무엇'이 되기만 하면
'어떻게'는 얼마든지 정당화될 수 있다는 생각이
우리 사회에 너무나 넓게 퍼져 있는 것 같다.

수단 방법 가리지 않고 목표를 달성하는 것에
삶의 의미가 있는 것이 아니라
수단 방법 가리며 사는 바로 그 삶의 과정에 의미가 있다.

그렇게 살면서 목표를 달성하면 좋고
설사 목표를 이루지 못해도 그 인생은 값진 것이다.

DJ SECRET NOTE

지도층의 도덕적
솔선수범이 중요한 이유

무엇보다 중요한 것은
지도층의 도덕적 솔선수범이다.

이것 없이는 춘추시대의 혼란 속에서 공자가 나왔듯이
위대한 도덕적 성자는 나와도
전 국민이 도덕화된 사회는 이루어질 수 없다.

우리 국민의 도덕성으로 보아
지도층만 솔선수범하고 올바른 방향만 제시하면
우리는 큰 성공을 거둘 수 있을 것이다.

DJ SECRET NOTE

진정한 리더의 길

시저와 아우구스티누스가 없었다면 대로마제국의 형성은 어려웠고,
팍스 로마나의 평화의 축복도 가능하지 않았을 것이다.

진시황이나 한고조가 없었다면
중국이 서구사회보다 2000년이나 앞서서 봉건제도를 타파하고
근대적인 군현제도를 실현시키는 일도 생각하기 어려웠을 것이다.

처칠이 없었다면 히틀러의 정복의 칼날을 무찌르고
영국과 유럽을 구하는데 훨씬 더 많은 희생을 치러야 했을 것이다.

이렇게 어떠한 민주국가라도 다수 국민의 열망을 집결해서
정책화하고 이를 실천하는 선도적 역할을 하는 지도자가 없으면
결코 성공할 수 없다.

이는 회사나 정부기관 등 모든 조직에도 공통으로 적용되는 진리다.

DJ SECRET NOTE

한 사람이 사회를 망치는 데는

한 사람이 사회가 인정해 줄 만큼 성장하는 데는 수십 년이 걸린다.
그러나 이를 망치는 데는 순간이면 족하다.

많은 사람들, 국민의 존경이나 기대를 받던 사람들이
압력이나 유혹에 못 이겨 자신을 망치는 것을 보고
얼마나 우리는 가슴 아파했는가!

그러한 변절의 인사들이 아직도 국민들이 자기를
옛날대로 인정해주는 것으로 착각하고,
지도자연하고, 설치는 것을 볼 때 얼마나 불쌍하고 민망하던가!

DJ SECRET NOTE

나라의 역경을 함께
극복하는 길

"하늘이 무너져도 솟아날 구멍이 있고
 범에 물려 가도 살아오는 길이 있다"는 속담이 있다.

이는 거듭된 전란과 쉴 새 없이 괴롭히는 학정 속에서도
잡초 같은 끈기와 뱀 같은 슬기로
살아남은 우리 조상들의 삶의 지혜를 잘 말해 주고 있다.

우리 역사에서의 사육신·최수운·전봉준·안중근·윤봉길·이봉창,
그리고 기독교 박해의 순교자들 모두
당대의 성공자라고는 할 수 없다.

그 분들은 가난과 불우 속에서 성공을 쟁취한 삶들,
모두 그 나름대로 운명을 사랑한 사람들이다.

오늘 우리 국민 누구도
그들이 자기 당대의 최대의 성공자였던 신숙주나 이완용보다
실패한 이들이라고는 꿈에도 생각지 않는다.

그러므로 우리의 응전은
운명적으로 유한한 자기 당대에서의 성패에다
결승의 깃발을 꽂는 근시안을 버려야 할 것이다.

DJ SECRET NOTE

물을 독사가 먹으면

물은 사람이 먹으면 약이 되지만, 독사가 먹으면 독이 된다.
사람은 누가 어떻게 쓰느냐에 따라
약이 될 수도 있고 독이 될 수도 있다.

DJ SECRET NOTE

강하지만 유연한 길

혁명과 개혁은 다르다. 혁명은 법을 무시한다. 개혁은 법을 지킨다. 혁명은 과거를 따져서 사람을 처벌한다. 그러나 개혁은 과거의 나쁜 법과 제도를 고치면서 사람은 용서한다. 혁명은 국민에게 불안과 공포를 느끼게 하지만, 개혁은 희망과 안정을 준다. 혁명은 혁명 세력들이 국민을 강제로 끌고 가기도 하지만, 개혁은 국민 모두가 나아가는 방향과 자기가 얻을 몫을 알고 적극 협력하는 신바람 나는 자발적인 행위인 것이다. 혁명은 원칙도 강경하고 방법도 강경하지만, 개혁은 원칙은 강하지만 방법은 유연하다. 국민과 같이 가는 개혁에는 결코 실패가 없다.

DJ SECRET NOTE

역사속에서 진실한 건설자는

"만리장성은 진시황이 만들었다.
 석굴암은 김대성이 만들었으며,
 경복궁은 대원군이 건축했다"고 역사는 기록한다.

이것을 누구도 의심하지 않지만
잘 생각하면 터무니없는 허구이다.

진실한 건설자는 그들이 아니라 이름도 없는
석수, 목수, 화공 등 백성의 무리들이었다.

우리는 이 사실을 정확히 깨달을 때
이름 없는 백성들에 대한 외경심과
역사의 참된 주인에 대한 자각을 새로이 하게 된다.

DJ SECRET NOTE
창조적 모방

1. 모든 시대는 이전 시대의 자식들이다. 과거로부터 유산을 물려 받지 않은 세대는 하나도 없다. 따라서 인간의 창조 작업은 엄밀하게 말해서 모두 모방에서 빚어진 것이라고 할 수 있다. 문제는 얼마나 창조적으로 모방해서 새로운 자기 것으로 발전시키느냐에 달려 있다.

2. 세상일이란 기이해서 더러는 우연히 창조적인 사고가 떠오르기도 한다. 사소한 일이라고 무심코 지나칠 수 있는 곳에 아주 중요한 힌트가 숨어있곤 한다. 우리가 매사에 신중해야 하는 이유가 여기 있다. 차를 타고 갈 때는 하다못해 거리의 간판이라도 유심히 관찰하는 게 좋다. 오래 고민하다가 해결을 보지 못하고 잠깐 신문을 펴드는데 문득 문제가 풀리는 것과 같은 경험을 나는 아주 많이 했다. 우연히 찾아오는 것 같은 창조적 사고라는 것도 실상은 그 문제에 오래 매달려 끈질기게 사유를 유지했기 때문에 가능한 것이지, 그냥 내팽개쳐 버렸는데 저절로 떠오르는 것은 아니다. 이러한 모색과 시도 속에서 비로소 창조적 모방이 싹 트는 것이다.

DJ SECRET NOTE

삼국지의 조조를
긍정적으로 평가하는 이유

우리가 역사를 읽을 때 유의해야 할 점은
이미 그 사람이나 사건의 평가가 결정되어 상식화된 것 중에
의외로 상식과는 다르게 재평가해야 할 일들이 많다.

삼국지의 조조의 경우도 마찬가지다

조조가 그토록 간웅(奸雄)으로 몰린 것은 중국에서의 소위 유교적 전통사상에 의하면 촉한의 유비 현덕을 같은 유(劉)씨라서 한나라의 전통 계승자로 치니까 그와 대항해서 싸웠던 조조를 악인으로 몰 수밖에 없었기 때문이다.

사실 조조를 긍정적으로 평가할 점도 충분히 있다.
그는 적벽대전의 패배로 천하통일은 못했지만
중국의 심장부인 중원(中原) 일대에 평화와 안정을 가져왔으며,
둔전제도(屯田制度) 등으로 부국강병책을 써서 백성을 힘을 기르기도 한 것이다.

인생을 여행하는 자세

무리도 말고
쉬지도 말아라.

DJ SECRET NOTE

마지막 승자는 항상

1. 국민은 잘못 판단하기도 하고, 흑색선전에 현혹되기도 한다. 엉뚱한 오해를 하기도 하고, 집단 심리에 이끌려 비이성적인 행동을 하기도 한다. 그럼에도 불구하고 우리에게는 국민 이외에 믿을 대상이 없다.

국민이 따라오지 못할 때는 그들을 무시하고 앞질러 갈 일이 아니다. 그럴 때는 일시적으로 걸음을 멈추고 국민과 함께 갈 수 있도록 보폭을 조절해야 한다. 국민의 손을 잡고 반 발짝만 앞에 서서 이끌어야 한다. 절대로 반 발짝 이상 벌어져서는 안 되고, 어떤 경우라도 국민과 잡은 손을 놓아서는 안 된다. 국민의 손바닥으로부터 전해지는 체온과 국민 정서를 통해 국민의 뜻을 배워야 한다. 조급한 마음이 일을 그르친다. 자기만 옳다는 생각을 믿고 달려가게 되면 국민과 잡은 손은 떨어지고 국민은 우리를 떠난다.

2. 국민을 믿고 국민의 손을 놓지 않지 않고 걸어간 사람에게는 일시적 좌절이 있을지 몰라도 패배는 없다. 5.17 사건으로 사형언도를 받고 죽음을 기다리고 있을 때, 나의 마음은 걷잡을 수 없이 불안과 공포에 시달렸다. 죽음을 생각한다는 것은 참으로 두려운 일이었다. 그런데 신군부는 자기네들과 손잡으면 살려주겠다고 계속 유혹했다. 하루에도 몇 번씩 마음이 왔다 갔다 하여 어디에도 정착할 수 없는 때가 있었다. 그러나 굴복 할 수는 없었다. 죽음도 두렵지만, 내가 믿는 하느님과 국민의 역사가 더 두려웠다.

3. 국민이 언제나 현명한 것은 아니다. 그러나 민심은 마지막에 가장 현명하다. 국민이 언제나 승리하는 것은 아니다. 그러나 마지막 승리자는 국민이다. 그렇기 때문에 하늘을 따른 자는 흥하고 하늘을 거역한 자는 망한다고 했는데, 하늘이 바로 국민인 것이다. 유일하게 현명하고, 유일하게 승리할 수 있는 국민에게 배우고 국민과 같이 가는 사람에게는 오판도 패배도 없다.

넷,

행복한 부자가
되는 비결

DJ SECRET NOTE

DJ SECRET NOTE

진정으로 성공한 부자

어떤 사람은 부자가 되는 것을 성공이라 생각하고,
어떤 사람은 유명해지는 것을 성공이라 여긴다.

부자가 되거나 유명해진 사람을 성공했다고 말한다면,
그것은 우리가 무언가 '이룬' 것,
곧 성취의 결과물을 가지고 성공 여부를 판단하는 것이다.

그러나 나의 성공관은 전혀 다르다.
나는 무언가 이뤄 낸 것의 부피와 무게로
성공을 재는 일에 찬성하지 않는다.

나는 바르게 사는 것이 곧 성공하는 삶이라고 생각한다.
바르게 사는 것이 성공하는 길이라는 것이 아니라
바르게 사는 것 자체가 바로 성공이라는 것이다.

DJ SECRET NOTE

내가 생각하는 행복한 부자

사람은 가난하게도 되지도 말고
지나치게 부유하게 되지도 말 일이다.

우리는 가난해도 부유해도
다 같이 돈의 노예가 된다.

알맞게 갖고 자유인이 될 일이다.

DJ SECRET NOTE

황금과 권력을 얻고자 하는
사람은

니체는 말하기를
"괴물과 싸우는 사람은 자신이 괴물이 되지 않도록 주의해야 한다.
심연(深淵)을 너무 오래 들여다보면 심연이
당신의 영혼을 들여다보기 시작하는 것이다"라고 했다.

황금을 걷고자 싸운 사람은
황금에 먹히지 않도록,

권력에 집착한 사람은
권력의 노예가 되지 않도록,

범인 잡는 데 종사한 사람은
자기 마음이 범이 닮아서 사악해지지 않도록,

그리고 우리가 명심할 것은
공산당과 싸운다면서
공산당의 수법을 닮아가는 일이 절대로 없도록 할 일이다.

> DJ SECRET NOTE

진정한 행복에 이르는 길

소비와 소유의 극대화로
행복을 성취하려는 오늘의 인류는
결국 좌절과 소외의 불행을 맛볼 뿐이다.
우리의 진정한 행복은
자기 능력의 계발,
이웃에의 사랑과 봉사를
통해서만 얻어질 수 있는 것이다.

DJ SECRET NOTE

전인적 행복을 이루는 4가지 요소

인간의 완전한 행복은
정치적 자유와 경제·사회적 보장만 가지고는 부족하고
현대사회의 특징인 인간의 소외현상이
적극 참여의 방향으로 전환되어야 한다.

특히 인간 정신의 타락현상에서
도덕의 부흥이 실현되어야 할 것이다.

자유·빵·참여·도덕은
전인적 행복을 이루는 4대 요소로서
앞으로 사회학의 집중적 주목을 받아야
하지 않는가 하는 것이 나의 생각이다.

DJ SECRET NOTE

청년 창업에 있어서
가장 중요한 세 가지

한국전쟁의 와중에서도 성공한 청년 실업가가 될 수 있었던 것은
다음의 세가지를 사업하면서 터득했기 때문이다.

첫째는 경제계 전체의 흐름을 파악해서 그 흐름을 타는 것이고
둘째는 적당한 모험을 해야 하는 것이며
마지막으로는 종업원들과 관계가 좋아야 한다는 것이다.

특히 '적당한 모험'은 내게 주어진 여건을 살펴
늘 새롭게 도전하게 된 원천이었다.
그리고 그 도전은 나를 늘 설레게 했다.

DJ SECRET NOTE

선택의 기준

우리는 자신의 직업이나 직책을 택할 때
일시적 수입이나 지위보다는
그 일을 통해서 참으로
인생의 보람을 느낄 수 있는가 없는가에 의해서
결정해야 한다.

그러한 결정을 통해서만이
우리는 사회에의 공헌과
자기 능력의 발휘를 기대할 수 있다.
뿐만 아니라 긴 안목으로 보면
그러한 선택은 결국
경제적 수입과 지위의 향상도
가져오는 경우가 많다.

행복의 발견

비록 고난 속에 살더라도
자기 양심에 충실한 사람은 행복하다.
그러나 그 고난의 가치를
세상이 알아줄 때 그는 더욱 행복하다.

DJ SECRET NOTE

안락과 행복

안락하게 사는 것만이 행복의 길은 아니지 않는가?
우리가 보는 그러한 사람들이 과연 행복했다고
스스로 자신할 사람이 몇이나 있을까?

그들도 자기 인생을 생각할 때
안일만 택하다가
오히려 의미 없는 일생을 보내고 말았다고
후회할 것이다.

DJ SECRET NOTE
행복한 나날

고난의 시절에 행복한 날을 기다리며 고통을 참으라는 것은 잘못이다. 행복한 날은 오지 않을 수도 있고 오더라도 그동안 불행을 피할 수 없다. 그래서 우리는 고난의 시절 그 자체를 행복한 날로 만들어야 한다.

DJ SECRET NOTE

내 인생이 의미를 갖기 위해

스스로에게 소명감을 느끼는 사람이라면
인간의 장래를 비추는 밝은 미래에 대한 신념과
자기가 참여하는 전진을 향한 대열의 의미를
기쁘게 받아들이면서
수난을 불가피하면서 또 필요한
진화의 한 과정으로 받아들여야 한다.

결국 모든 것을 따지고 분석하더라도
인간은 자기 양심에 떳떳하고
자기의 인생이 사회와 역사를 위해서
의미 있는 것이었다고 믿을 수 있는 사람만이
진정으로 행복한 사람인 것 같다.

DJ SECRET NOTE

건강의 비결

건강의 비결은

첫째, 과음·과식 등 무리를 하지 말 것,
둘째, 고민거리가 있으면 단시간에 집중적으로 생각해서 결단을
       내리고 결코 이를 마음속에 두고 스스로를 괴롭히지 말것,
셋째, 충분한 수면을 취하도록 할 것,
넷째, 정신적으로 떳떳하고 명랑한 자세를 갖도록 노력할 것.

DJ SECRET NOTE

이기심과 탐욕이 가장 큰 죄악

이기심과 탐욕은 가장 큰 죄악이다.
이기심은 자기를 우상화하고,
탐욕은 탐욕의 대상을 우상화한다.

DJ SECRET NOTE
진정한 자유란

자유는 지키는 자만의 재산이다.
그러므로 자유는 권리가 아니라 의무이다.
자유는 방종도 아니고 모든 원리에 대한 거부도 아니다.

자유는 인간이 인간답게 살아가고
전인적 완성을 이룩하는 데 필요한 제약과 조건을
자발적으로 받아들이는 행위이다.

다섯,

날로 새로워지는 방법

DJ SECRET NOTE

DJ SECRET NOTE

우리를 노예로 만드는 적(敵)

진정한 자유인이 되려면
먼저 하느님께 얽매어져야 한다.

그리스도의 부하된 자만이
죽음, 명예, 재물, 유혹, 고난, 번민, 위기 등
우리를 꽁꽁 묶어
노예로 만들고 있는 적으로부터 자유로울 수 있다.

DJ SECRET NOTE

다시 시작하고 또다시 시작하고

우리는 공부를 하거나 무슨 계획을 세웠어도 쉽게 중단해버리곤 한다. 또한 그러한 과정 속에서 실망하고 그러다가 그 계획을 아주 포기해버리기 쉽다. 나도 많은 실패의 경험을 가지고 있다. 그러나 지난번 이래 생각을 바꿔서 세워진 계획이 중단되어도 개의치 않고 다시 계속하고 또 중단되면 다시 계속하는 습관을 들이기 시작했다. 그래서 책 읽는 것, 어학공부 하는 것, 매일 조석으로 체조하는 것 등에 새로운 습관을 들여서 꾸준히 다시 시작하고 다시 시작하는 되풀이의 끈기를 체득하려 한다.

DJ SECRET NOTE

모든 지식의 시작

학문이나 지식을 습득할 때는
권위를 맹종해서는 안 된다.
존경은 해도
비판의 눈은 견지해야 한다.
모든 지식은
내 자신의 비판의 그물에서
여과시켜 받아들여야 한다.
설사 그것이 미숙하고
과오를 범할 위험이 있을지라도.
그것이야말로 내가 나로서 사는
유일한 지적 생활의 길이다.

DJ SECRET NOTE

나를 젊게 만드는 것

노인도 시대를 따라가면 청년이고,
젊은이도 시대를 따라가지 못하면 노인이다.
중요한 것은 활기 있는 정신적 젊음과
미래 지향적인 부단한 노력이다.

`DJ SECRET NOTE`

이 땅의 젊은이들을 위한 세 가지 당부

내일을 위해서 우리 젊은이들에게 몇가지 당부하고 싶다.

첫째, 모두가 신지식인이 되라는 것이다.
21세기 신지식인은 학벌이나 학력과는 상관없다.
어떻게 스스로의 창의적인 지적 능력을 발휘해서
자기가 하는 일에 높은 효율을 나타내느냐에 따라 신지식인의 자격이
결정된다. 그러므로 가정주부도 농민도 노동자로 사무원도 상인도 신지식인이 될 수 있다.

특히 세계화 시대 무한경쟁의 도전에 앞장서서 싸워야 할 청년 학생들은 한 사람 빠짐없이 신지식인이 되어야 한다.
그렇게 발전할 때 우리나라는 세계 일류국가가 될 것이다.

둘째 모두가 세계인이 되라는 것이다.
산업혁명이래 200년 동안 계속된 민족주의 시대는 막을 내리고 있다.
이제 새 천년은 세계가 하나된 지구촌 시대이다.
우리는 세계인이 되기 위해서 세계를 알아야 하고
세계 공통의 언어를 배워야 한다.

우리는 민족의 정체성을 확실히 지키되
세계와 더불어 서로 이해하고
서로 협력하는 그러한 민족으로 발전되어 나가야 한다.

셋째 이웃과 사회에 대하여 봉사하는 청년이 되어야 한다.
인생에 있어서 가장 고귀한 것은 이웃사랑이다.
이웃은 내 부모, 형제, 학우, 그리고 이 사회 자체인 것이다.

이웃을 사랑하고 봉사하는 사람만이
이웃으로부터 존경받고 마음으로부터 기쁨을 느낀다.
행복도 그런 사람만의 것이다.

우리는 인생의 사업에서 누구나 다 성공할 수는 없다.
그러나 이웃을 사랑하는 인생의 삶에 있어서는
누구나 다 성공할 수 있다.
그것이 이웃사랑이고, 이웃사랑이야발로 인생성공의 유일한 길이다.

DJ SECRET NOTE

반성하라, 그리고 발전하라

날마다 내가 영적으로, 도덕적으로, 지적으로, 건강상으로 발전하고 있는지 회개하고 노력하자. 회개 없는 발전도, 발전 없는 회개도 다 같이 부족한 것이다.

> DJ SECRET NOTE

근원적인 것과 표면적인 것

우리는 삶의 자세를 갖출 때, 언제나 사물을 근원적인 것과 표면적인 것을 합쳐서 파악하고 부분적인 것과 전체적인 면을 아울러 볼 줄 알아야 한다.

강의 표면과 저류를 아울러 생각하고, 본류와 지류를 같이 파악 해야 한다. 그런데 현대인들은 강의 표면과 자기가 전문으로 하는 어느 지류에만 집착한 나머지, 그것을 강 전체로 판단한다. 바로 여기에 실패의 원인이 있다고 본다.

전체와 부분, 근원과 현상을 같이 보고, 그리고 나아가서 경중, 완급을 종합적으로 판단해야 한다. 언제나 그러한 입장에서 자기 인격을 형성하는 동시에 독서에 있어서도 종합적인 지식 형성에 힘써야 한다.

DJ SECRET NOTE

더 큰 스승

셋이 가면 그 가운데 하나는 스승이 있다 하였다.
나와 함께 내일을 향해 가는 사람들, 비록 뜻이 조금은 다를 수 있고 또 나와 아예 딴판으로 다른 생각을 가지고 있는 사람들도 있지만, 이들이야말로 내게는 스승이 아닐 수 없다. 아니, 생각이 다른 사람들이야말로 더 큰 스승일 게다.

논리와 경험
그 어느 것 하나도

논리의 검증을 거치지 않은 경험은
잡담이며,
경험의 검증을 거치지 않는 논리는
공론이다.

DJ SECRET NOTE

문화와 과학

문화의 힘은 위대하다.
언제나 한 발은 문화 위에,
한 발은 과학 위에 서 있을 때
우리는 찬란한 내일을 기약할 수 있다.

DJ SECRET NOTE

사소한 것이 큰 것이다

큰일을 생각하면서도
사소한 표현 하나하나에
신중에 신중을 거듭하는 세심함.
이러한 태도가 큰길을 가는 사람의
올바른 자세다.

모든 덕 중 최고의 덕

용기란 바른 일을 위해 결속적으로 노력하고 투쟁하는 힘이다.
용기는 모든 도덕 중 최고의 덕이다.
용기만이 공포와 유혹과 나태를 물리칠 수 있다.

스스로를 경계하라

인격의 바탕 위에 서지 않은 학문은
천박한 지적 기술에 불과하다.

DJ SECRET NOTE

참과 거짓의 진짜 의미

'참'과 '거짓'에서 거짓은 진리가 따로 엄연히 존재하고 있을 때를 전제로 한 용어다. 그러므로 자기가 지킬 수 없으리라는 걸 뻔히 알고도 약속을 한 다음 그걸 지키지 않는다면 그때는 거짓이 된다. 그러나 분명히 지키려고 했다가 뜻하지 않은 일로 약속을 지키지 못하는 경우는 거짓이라고 하지 않는다.

DJ SECRET NOTE
대화의 핵심

대화의 요체는
수사학에 있는 것이 아니라
상대의 말을 잘 경청하는
심리학에 있다.
소크라테스는
"상대방의 말을 경청할 때
비로소 대화가 가능하다"고 말했다.

DJ SECRET NOTE

우리의 최종적인 정복 상대는

괴테는 파우스트를 통하여
"이것이 지혜의 마지막 섭리이니
매일 새로이 정복하는 자
오직 그만이 생명과 자유를 얻는다"고 했다.

우리는 매일 새로이 나고
매일 새로이 전진해야 한다.

우리의 정복 상대는 자기이다.

안주하려는 자기,
도피하려는 자기,
교만해지려는 자기,
하나의 성취에 도취하려는 자기와
싸워서 이를 정복해야 한다.

DJ SECRET NOTE

세상이 내게 아무리 뭐라 해도

우리는 개인적으로
설사 온 세상이 모두 도덕적으로 타락하더라도
나만은 끝까지 도덕을 지키겠다는
삶의 자세를 가져야 할 것이다.

우리가 하느님으로부터 얻은 자유의지가 있고
인격의 존엄이 있는 이상
세상으로 인해 나의 주체성을 상실할 수는 없을 것이다.

DJ SECRET NOTE

내 옷소매에 눈물이 떨어질 때

나는 참 눈물이 많은 사람이다.
혼자 조용히 앉아 내가 은혜 입은 것을 생각하고 있노라면
나도 모르게 눈시울이 뜨거워진다.

그리고 그가 개인이든 단체든 국내든 국외든
기회가 있으면 꼭 은혜를 갚아야겠다고 다짐한다.

그래서 나는 성격적으로, 누구를 오래 미워하지 못한다.
내가 너무도 슬프고 한많은 경험을 했기 때문에
내 옷소매에 눈물이 떨어질 때
내 손목을 잡아 주던 사람의 은혜를 절대로 잊지 못한다.

DJ SECRET NOTE
내 삶의 의미

내 삶은 반드시 의미를 가져야 한다. 그러나 고칠 필요가 있는 것들과 맞붙어 싸우지 않고 평생을 허송세월한다면 삶은 의미를 가질 수 없다. 우리가 이 인생을 살아갈 기회는 오직 한 번뿐이고, 따라서 우리는 이 인생을 잘 살아야 한다.

한마디로 말해서 나는 내 생명을 너무나 귀중하게 여기기 때문에 내 사명을 계속 추구하지 않을 수 없다. 내 사명은 국민과 정의와 인간의 존엄성을 위해 헌신하는 것이다. 자유도 정의도 없는 곳에서 이런 태도를 갖고 살아가는 사람은 누구나, 역경에 굴하지 않고 온갖 어려움을 이겨내고 아무리 가혹한 사태변화도 극복해 낼 각오가 돼 있어야 한다. 남이 나에게 고통을 줄 수 있을지는 모르지만, 아무도 나를 강제로 불행하게 만들 수는 없다. 결국, 행복할 것이냐 불행할 것이냐를 결정할 수 있는 사람은 오직 나 자신 뿐이다.

나는 내 인생이 행복했다고 생각하며, 수많은 고난에도 불구하고 기꺼이 그 인생을 다시 한 번 되풀이하고 싶다.

DJ SECRET NOTE

세상의 것이 아닌 나의 것으로

역사를 볼 때는
특히 객관적인 시각이 필요하다.
이미 결정된 관점,
많은 사람들이 그렇게 믿고 있는
눈으로 볼 것이 아니라
역사의 진보와 인간을 중심에 놓은
올바른 사관에 입각해 보려는 자세를 가져야 한다.

DJ SECRET NOTE

거울 속 나의 눈

이 세상에서 가장 무서운 것은 자신의 눈이다.
거울을 들여다보면 나타나는
자기 자신의 눈이야말로 가장 무서운 것이다.
자기 눈을 똑바로 들여다보면
자신이 어떻게 살아왔는지,
또 문제에 부딪칠 때마다
어떻게 처신해왔는지를 알 수 있게 된다.

다른 사람은 아무도 모른다고 하더라도
자신의 눈만은 그걸 알고 보여주기 때문이다.
그 눈은 어느 때는 대단히 다정스럽다.
또 어느 때는 한없이 엄격하기도 하고
더러는 자기 자신을 어루만져주기도 한다.

DJ SECRET NOTE

나를 이긴다는 것

모든 콤플렉스는 그 사람 안에 원인이 있고,
따라서 그것을 해결할 수 있는 처방도
그 사람 안에 들어 있게 마련이다.
문제는 그 콤플렉스에 져서
체념하고 포기하느냐
아니면 열심히 노력해서
남 못지않은 실력을 쌓아
자기 발전의 방향으로 가느냐가 중요하다.

DJ SECRET NOTE

마지막 결단은

사람은 살면서 많은 선택과 결단을 한다.
그 가운데는 누구의 조언도 없이
혼자서 해야 하는 외로운 결단도 있다.

나는 결단을 하는 과정에서
많은 의견을 참조하고 수렴하긴 하지만,
마지막 결정은 언제나 혼자서 한다.
이것은 인간이 지닌 숙명이라 할 것이다.

날마다 새롭게 시작하는 인생

노력의 과정에는 반드시 좌절이 있고, 의혹이 있고, 권태가 있으며,
또 노력을 중단할 구실도 발견되곤 한다.
그러니 자기를 잘 설득하고 새로운 자각으로 새롭게 출발하도록
이끌어나가는 게 중요하다.
인생이란 어떤 의미에서는 자기 자신과의 토론과 설득과
결심의 일생이며 새 출발을 거듭하는 일생이다.

나만의 몫

자기 이미지는 자기가 책임져야 한다.
설사 남들에 의해서 엉뚱하게 만들어진
이미지라 할지라도 그것을 극복하고 본연의
이미지로 되돌리는 것은
자기만의 몫이다.

DJ SECRET NOTE

미래는 여성의 섬세한 감각이 빛을 발할 수 있는 시대

21세기는 경제와 문화가 국력이 되는 시대이다.
또 여성의 시대이다.
여성의 섬세한 감각과 직관력, 그리고 문화적 정통성이
빛을 발할 수 있는 그런 시대인 것이다.

여성은 스스로의 잠재력을 찾고 개발하면서,
자신이 바로 사회와 국가의 주역이라는 주인의식을 가져야 한다.

당장은 고통스럽더라도 이 기회를 현명하게 이용하여
21세기의 새 시대에 맞도록 우리 사회를 개혁하면,
우리는 머지않아 이 고난을 극복하고
반드시 세계일류국가의 대열에 참여할 수 있다고 확신한다.

DJ SECRET NOTE

문화 창조력이 국가발전의 원천이다

새 세기는 20세기와는 전혀 다른 시대가 될 것이다.

무엇보다 21세기는 자본이나 노동력, 토지같은 눈에 보이는 물질보다
지식과 정보, 문화 창조력 같은 눈에 보이지 않는 요소들이
경제의 핵심이 되고 국가발전의 원천이 되는 세기이다.

특히 문화창조력은 한 국가의 정치, 경제, 사회를 포함하여
모든 분야를 아우르는 핵심역량으로 그 중요성이 날로 커지고 있다.

따라서 한 나라의 문화 역량은 어떻게 발전하느냐에 따라
새로운 세계에 있어서 그 나라의 국가적 위상이 결정될 것이다.

DJ SECRET NOTE

가장 한국적인 것이 가장 세계적인 것이다

우리는 문화에 있어서 국제적인 것을 받아들이고
또 접목시켜야 되겠지만
어디까지나 한국문화는 한국적이어야 한다는 기본적인 것을
잃지 말아야 할 것이다.

가장 한국적인 것이 가장 세계적인 것이다.

한국문화에는 세 가지 특징이 있다.
하나는 한이고, 또 하나는 멋이고, 나머지 하나는 신명이다.

이것을 우리 문화의 기본으로 삼아서
세계속의 한국문화의 특색으로 발전시켜 나가야 한다.

DJ SECRET NOTE

신명 난 삶을 위하여

'신명'이란 '신난다'의 의미를 내포하는 것으로
신명이 일어나기 위해서는 다음의 세 가지 요소가 필요하다.

첫째, 어떤 목적을 갖고 기업 혹은 정부가 평사원이나 국민을 이끌어
가려고 할 때 목표를 뚜렷이 가르쳐 주어야 한다.

어떠한 이유로 왜 이 일을 해야 하는가?
이 일을 하는 것이 어떠한 도움이 되며, 어떠한 성공을 거둘 수 있는가?
또한 최종 목표는 무엇인가?
이러한 의의와 방향제시가 뚜렷해야 한다.

둘째, 일을 계획하고 이끌어가려는 지도자는 몸소 실천을 해서
고위 관계자들을 믿고 국민들을 일으키도록 해야한다.

셋째, 일이 잘 됐을 때 참여한 각자에게 무엇이 돌아가는지
그 몫을 분명히 해줘야 한다.

이상의 세가지 조건이 조성됐을 때 신명이 일어나게 자발적으로 협력
을 하게 되고, 예상치 못했던 성공을 하게 되는 것이다.

여섯,

가화만사성이 행복의 시작이다

DJ SECRET NOTE

DJ SECRET NOTE

가화만사성 (家和萬事成)

1. 가정이 화목하고 단합해야 큰일을 할 수 있는 힘이 나온다.
큰일과 가정은 서로 상치되는 것이 아니라
서로 돕고 의지하는 유기적인 하나의 관계인 것이다.

2. 작은 가정의 행복이 모여서 큰 사회적 행복을 만든다.
이 둘은 결코 뗄 수 없는 하나다.

DJ SECRET NOTE

가족과의 대화에
의식적으로 노력해야 하는 이유

첫째, 우리는 가정과 사랑과 이해 속에 연결되므로
현대 산업사회의 특징인 소외와 고독을 극복하는 좋은 길이 된다.

둘째, 가족과 대화를 가짐으로써 자기와 연령과 성별이
다른 계층의 사고와 습성과 인생관을 흡수할 수 있다.

셋째, 가족은 나의 일생을 두고 밀접한 고리로서
연결되어 나갈 삶의 파트너들이기 때문이다.
그리고 무엇보다도 부모는 오늘의 나를 있게 해준 유일한 존재이며,
형제는 이 세상 사람 중 다시없이 밀접한 존재들이기 때문이다,

이런 최단거리의 존재와 이해와 협력과 사랑의 공동체를
못 가지면서 우리는 누구를 사랑하고 이해하며 살기를 바랄 것인가?

DJ SECRET NOTE

내게 힘을 주는 가족

내가 자식들에게 특별히 강조한 것은 부자도 되지 말고 가난하게도 되지 말라는 것이었다. 부자도, 가난한 사람도 돈의 노예가 되기 쉽기 때문이다. 돈이란 생활하는 데 필요한 정도만 있으면 된다. 그것이 정신적인 면에서도 유익하다. 한마디로 나는 자식들에게 행동하는 양심에 비추어 바르게 살라고 말해왔다. 우리 사회도 이제 점점 핵가족화 되어 가고 있다. 생활의 여유가 생기면서 몇 안 되는 가족들도 제각기 자기만의 공간에서 생활하려고 한다.

그러나 개인 생활의 독립성이 중요시되어 갈수록 우리는 더욱더 가족의 소중함을 잊지 말아야 할 것이다. 화목한 가정, 대화가 통하는 사랑으로 하나가 된 가족은 우리에게 큰 힘을 준다. 나도 아내와 자식, 손자들과 서로 이해하면서 사는 화목한 가정을 갖고있는 것을 더없이 큰 기쁨으로 생각하고 있다.

> DJ SECRET NOTE

우리 집안의 세 가지 가훈

첫째는 하느님과 양심에 충실하게 살 것
둘째는 하느님만을 의지하는 가운데 자기 운명은 자기가 개척해 나갈 것
셋째는 생활의 안정에 필요한 재물 이상의 부를 탐내지 말 것이다.

이 세 가지는 서로 긴밀한 관계가 있다.

나를 다시 일어서게 하는 것

고통과 슬픔과 고독과 절망 속에서도
나를 오늘까지 지탱해주며
점차로 힘을 내게 해준 것은
오직 주님의 일생이 내게 준 위로와 빛이었으며
가족과 벗들의 애정 어린 기도의 힘이었다.

DJ SECRET NOTE

모든 것의 시작은 대화

나는 감옥에서 며느리에게 아내로서 갖춰야 할 태도에 대해 편지를 보낸 적이 있다. 거기에 나는 "남편이 잘못된 길을 가려고 할 때, 이혼을 각오하고 막아야 한다. 그것이 진정으로 남편을 사랑하는 아내의 도리이다"라고 적었다. 그 점은 남편도 마찬가지다. 아내가 아무리 달콤하게 말하더라도 가서는 안 될 길이라면 단호히 거부해야 한다.

거기에 덧붙이기를, 남편이든 아내든 안팎에서 일어난 일을 서로 알리고 서로의 경험을 나누려고 하는 것이 좋다고 충고했다. 흔히 아내들은 집안에서 일어난 일을 남편에게 말하지 않는 것이 밖에서 고생하고 돌아온 남편에 대한 배려라고 생각하는 경향이 있는 것 같다.

그런가 하면 남편들은 또 바깥일을 시시콜콜 아내에게 털어놓으면 마치 공처가라도 된 것처럼 여기는 경향이 있다. 그러나 이런 생각은 현명하지 않다. 남편은 집안일을 모르고, 아내는 밖에서 남편이 무슨 일을 하는지 모르면 문제가 생기게 된다. 서로가 상대의 생각과 일을 충분히 알지 못하면 부부간의 대화가 이루어지지 않게 된다.

DJ SECRET NOTE

사랑은, 세월이 지나도

젊은 남녀가 서로 사랑할 때는 그토록 아름답고 훌륭해 보이던 것이, 결혼하면 왜 환멸로 느껴지고 심하면 이혼까지 하게 되는가? 부모 자식 간도 자식이 어렸을 때는 그토록 사랑 속에 일체화 되었는데 자식이 커 가면 왜 관계가 소원해지고 서로 불만과 비난을 토로하기에 이르는가? 학교 때 다정했던 벗이 사회에 나오면 거의 남이 되고 우정은 식어버린다. 왜 그럴까? 우리는 이것을 불가피하고 어쩌면 당연한 일로 생각한다.

그러나 나는 이것이 불가피하고 당연한 일이 아니라 우리의 사랑의 자세가 잘못된 쪽으로 변화됐기 때문이라고 생각한다. 결혼 전의 교제 때 우리는 오직 자기의 애인을 위하는 데만 마음을 쓴다. 즉 주는 사랑에 시종하며 또 그로써 만족을 한다. 거기에는 사심도 욕심도 없다. 그러니 그러한 이기심 없는 거룩한 사랑의 상대가 아름답고 훌륭해 보일 것은 당연하며 실제로 사람은 사랑을 주며 살 때는 그 용모조차 아름다워진다고 한다. 그러나 일단 결혼을 하고 나면 남편은 아내에게 아내로서의 봉사와 의무를 다하도록 요구하는 자세로 돌변한다. 받는 사랑인 것이다. 아내도 남편에게 생활을 이유로 남편으로서의 책임과 구실을 다하도록 요구하는 자세가 된다. 남자보다는 덜하겠지만 역시 받는 사랑인 것이다. 그러니 부부가 다 같이 결혼 전의 '그', '그녀'와는 다르다는 환멸이나 불만을 갖게 되고 둘 사이는 차가워질 수밖에 없다.

부모 자식 간도 마찬가지다. 자식이 어렸을 때는 부모도 주는 사랑뿐이고, 자식도 세상에 자기 부모밖에 없는 것같이 따르고 사랑하지만 일단 자식이 크기 시작하면 부모는 자식이 부모의 명예와 기대를 위해서 잘해주기를 바라며 효도를 하도록 요구하게 된다. 자식도 부모를 비판적으로 보고 다른 부모와 비교해서 불만을 갖게 된다. 양쪽 다 받는 사랑이 주가 되며, 그러한 가운데 관계는 소원해지고 악화되는 것이다. 친구 관계도 마찬가지라 할 것이다.

그러므로 우리는 행복한 부부생활을 이룩하려면 결혼 전과 같은 주는 사랑을 유지해야 할 것이다. 서로 사랑하고 아끼는 부모 자식 간의 관계를 유지하려면, 평생의 벗으로서의 친구 관계를 유지하려면, 당초의 주는 사랑을 계속 지켜나가야 할 것이다. 부부, 부모 자식, 친구간의 관계에서 성공한 사람들은 이러한 주는 사랑을 실천한 이들이다.

DJ SECRET NOTE

경청은 최고의 대화

민주주의는 대화의 정치이다.
민주주의를 위해서 독재와 싸운다는 사람들이
남에게 말할 권리를 주지 않고,
내 주장만 한다는 것은
하나의 비극이라 하지 않을 수 없다.

경청이야말로 최고의 대화이다.
남이 말에 귀를 기울일 줄 모르는 사람은
대화의 실격자요, 인생의 실격자이다.

DJ SECRET NOTE

나와 가장 가까운 사람들

가족은 일생을 두고 밀접한 고리로서 연결 지어질 삶의 파트너들이다. 그리고 무엇보다 부모님은 오늘의 나를 있게 해준 유일한 존재들이며, 형제는 이 세상 사람 중 한 부모에게서 나와 함께 나온 다시없이 밀접한 존재들이다. 이렇게 가까운 존재와도 이해와 협력과 사랑의 공동체를 이루지 못한다면 우리는 누구를 사랑하고 누구와 이해하며 살기를 바랄 것인가?

DJ SECRET NOTE

사랑은 생명을 주는 것

어떤 심리학자는 인간이건,
동물이나 초목이건
사랑한다는 것은
생명을 주는 것이라고 말했다.
생명을 준다는 것은
상대의 진정한 성장을 돕는다는 의미다.

DJ SECRET NOTE
완성이 아니라 시작

결혼이란 것이
불완전한 두 사람의 결합이긴 하지만,
그것이 꼭 각자의 고독을 달래기 위한 것은 아니다.
개인이 갖고 있던 문제가
결혼 하나로 끝나는 것도 아니다.

예컨대 '완성'이 아니라
비로소 '시작'인 것이다.
그 시작이란 바로
'주는 사랑'의 실천을 뜻한다.

아내와 남편

1. 남편이건 아내건 무엇보다도 상대방에게 인격적으로 존경받을 행동을 하라. 우리가 세상에 모든 사람을 다 속여도 자신의 아내나 남편은 속일 수 없다. 잘못된 이익을 탐하거나 떳떳하지 못한 처신을 할 때, 설사 배우자가 동조한다고 해도 그이의 마음속에 있는 신뢰와 존경심은 산산이 무너진다. 그런 부부 관계는 결코 행복할 수가 없다.

2. 아내와 남편은 항상 서로의 장점만을 보고 격려하라. 인간은 기본적으로 불완전한 존재이다. 아무리 서로 좋아서 결혼했더라도 살다 보면 상대방의 결점이 나타날 수밖에 없다. 그러나 이때 상대방의 결점에 집착하기보다 그이의 장점에 관심을 돌리면, 그 장점은 더욱 커지게 되고 결점의 비중은 상대적으로 작아진다. 상대방에게 농담을 할 때도 그이의 장점을 들어 칭찬하며 농담하라. 잘못을 지적할 때도 '당신은 이런 점은 참 좋은데..' 하는 식으로 비판하라.

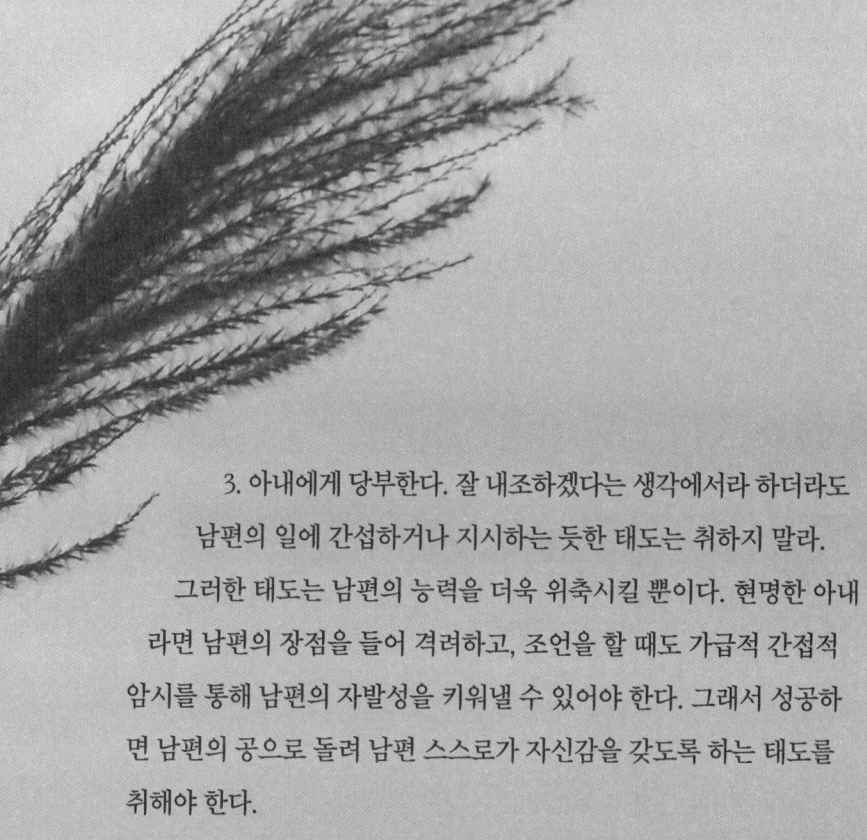

3. 아내에게 당부한다. 잘 내조하겠다는 생각에서라 하더라도 남편의 일에 간섭하거나 지시하는 듯한 태도는 취하지 말라. 그러한 태도는 남편의 능력을 더욱 위축시킬 뿐이다. 현명한 아내라면 남편의 장점을 들어 격려하고, 조언을 할 때도 가급적 간접적 암시를 통해 남편의 자발성을 키워낼 수 있어야 한다. 그래서 성공하면 남편의 공으로 돌려 남편 스스로가 자신감을 갖도록 하는 태도를 취해야 한다.

4. 남편에게 당부한다. 세상의 아내들은 어떤 값진 선물보다도 부귀영화보다도, 오직 남편으로부터 인정받고 사랑받는 것을 원한다. 그리고 그럴 때 아내는 생명을 포함해서 모든 것을 남편과 자식에게 바친다. 그것을 명심하라.

DJ SECRET NOTE

신뢰와 존경

부부란 전혀 다른 환경 속에서 성장한 두 개의 몸과 정신이, 하나가 되어 사는 관계다. 각기 다른 개성을 가진 인격체의 만남이기 때문에 서로가 의식적으로 노력하지 않으면 파탄에 빠질 수도 있다. 행복하기 위해 만난 사람들이 만나기 전보다 더 못해진다면 달리 그만한 불행도 없을 것이다.

부부 사이에는 지켜야 할 도리가 있다. 그것은 신뢰와 존경심이라고 생각한다. 부부는 서로 믿는 사람들이고, 서로 존경하는 사람들이다. 그래야만 흔들림 없는 사랑이 지속된다.

아내와 남편은 가장 가깝고 생사고락을 같이하는 공동운명체이지만, 한편으로는 가장 어렵고 두려운 존재다.

> DJ SECRET NOTE

부부는 닮는다

한 사람이 다른 사람 위에 폭력적으로 군림하는 가정이 아니라면 두 사람은 항상 생각을 모아야 한다. 의견이 다를 때는 조정해야 하고, 힘든 일이 있으면 힘을 모아 해결해야 한다. 기쁜 일이 있으면 자연히 함께 기뻐하게 된다.

이러저러한 일을 함께 겪어 가면서 두 사람은 성격도 비슷해지고 슬픔이나 기쁨을 표현하는 방법도, 식성도 비슷해지는 것이다. 부부가 서로 닮아간다는 것은 너무나 당연한 얘기다.

DJ SECRET NOTE

인생의 공동 경영자

부부간에는 서로 존경함을 사랑 못지않게 중시해야 한다. 그러기 위해서 상대의 장점을 발견하려고 힘쓰고 이를 격려해주도록 하라. 뿐만 아니라 집안일이건 밖의 일이건 부부는 서로 가장 가깝고 중요한 협의 대상자가 되어야 하며 공동 경영자가 되어야 한다.

함께 서로를 만들어가며

부부에게는 여자와 남자가 전적으로 동등한 인격에서 출발한다는 인식이 필요하고 그것이 중요하다. 이념으로서만이 아니라 실제로 우리들의 생활이나 감정의 밑바닥에서부터 여성을 남성과 동등한 인격자로 대하는 그런 자세가 필요하다는 것이다.

단순히 맹목적인 친밀감보다는 서로의 인격과 내면적인 발전에 도움을 주는 자세가 필요하다. 서로의 기를 살려주라는 것이다. 상대방의 좋은 점을 애써 발견해서 그 좋은 점을 존경하고 격려하여 더욱 좋은 쪽으로 발전할 수 있도록 협조해주는 일이 중요할 것이다.
완벽한 남편감이란 세상에 존재하지 않는다. 사랑하는 두 사람이 어떻게 서로의 모습을 만들어 가느냐가 더욱 중요하다.

부부생활의 기술

성공적인 부부생활에는 기술이 중요하다.
절대로 상대에게 상처 주는 말을 해서는 안 된다.

내 몸처럼
소중한 당신

세상에 많은 사람들이 '부부는 일신(一身)'이란 말을 잘못 이해하고 성실과 절제의 부부 관계를 소홀히 하다가, 행복한 결혼생활의 정상에 이르지 못하곤 한다. 부부는 가까운 관계인만큼 더욱 참되고 엄격해야 한다.

DJ SECRET NOTE

한 생각, 한 느낌, 한 행동

아내로서 자기 남편이 하는 일에 대해 의견을 나눌 수 없다면, 또 항상 남편이 감사할 만한 조언을 해줄 준비가 되어 있지 않다면, 그는 아내로서는 실격이며 오직 살림꾼에 불과하다.

DJ SECRET NOTE

참된 자녀 교육의 길

현대의 부모에게 있어서 자녀 교육은
가장 자신 없는 문제요, 고민거리라 할 것이다.

관용주의를 취할 것인가, 엄격히 다룰 것인가,
그 어느 쪽에도 문제가 있다.

참된 자녀 교육의 길은
같은 부모가 무슨 직업, 어떤 위치에 있든지
자기 인격의 부단한 성장을 통한 권위를 가지고
자녀에게 강한 흡인력을 발휘하는 것이다.

자식이 부모에게 인격적으로 끌려갈 때
거기에는 스파르타식이건
자유방임이건 방법은 아무래도 좋은 것이다.

DJ SECRET NOTE

'얼마만큼' 보다 '어떻게'가 중요한 사랑

나 역시 마음속에 항상 고여 있는 무조건적인 자식 사랑에서 깨어나 바른 사랑을 실천하기 위해 매일 노력하고자 한다.

그리고 항상 점검을 한다. 어리석은 부모가 되지 않으려고.
단지 사랑이라는 이유만으로 모든 게 용서되지는 않는다.
특히 자식 사랑에 있어서는 더욱 그렇다.

사랑에는 '얼마만큼' 보다 '어떻게' 가 더 중요한데, 자식을 어떻게 사랑할 것인가는 끊임없이 노력하는 부모의 몫이다.

DJ SECRET NOTE

아이는 작은 것도 놓치지 않는다

사람의 정신에 있어서 가장 큰 타락과 죄는 이기심과 탐욕이다. 그런 감정은 아이가 어렸을 때 부모가 자기 자식만 편애하고 남의 자식을 모른 척하는 것을 통해, 자연스럽게 아이들의 마음속에 스며들어간다.

DJ SECRET NOTE

어릴 때 도적적 교육이 일생을 지배한다

아이들에게는 어렸을 때
도덕적 교육과 종교교육이 일생을 지배한다.

인간에게는 어떠한 희생이나 손실에도 불구하고
절대로 포기할 수 없는 선(善)과
절대로 범해서는 안 되는 악(惡)이 있다는 것을
어렸을 때 아이들의 머리에 강하게 심어 주어야 한다.

DJ SECRET NOTE

설명이 아니라 느끼는 것

가족들은 같이 지내며, 대화와 공동 행사를 통해서 이해와 진보의 계기로 삼도록 하는 게 필요하다. 가족 간의 사랑은 느끼게 되는 것이지 말로 설명하는 것은 아니라고 생각한다.

일곱,

행동하는 양심을 위한 길

DJ SECRET NOTE

DJ SECRET NOTE
백성이 제일 귀하고 왕이 제일 가볍다

지금부터 2300년전 맹자는 '임금이 백성을 위해서
좋은 정치를 하지 않을 때는 백성은 일어나서
무력을 통해서 임금을 쫓아낼
권리가 있다'고 했다.

맹자는 다시 말하기를 '백성이 제일 귀하고 국가가
다음이고 왕이 제일 가볍다'
이렇게 말했다.

중국과 한국 일본 등 동아시아에서는
유교의 가르침을 통해서 백성을 가지고
하늘로 삼는다(以民爲天)

정치의 모든 목적은 백성의 행복에 있다고 하는
민본주의(民本主義)를 주장했다.

DJ SECRET NOTE

피터 드러커 박사로부터의 배움

"사람은 누구나 제 잘난 만큼 대우받는다"
이 말은 함석헌 선생이 자주 하시던 말이다.

미국의 저명한 경제학자인 피터 드러커의 《방관자의 모험》이란
책을 읽고 다시 생각난 함 선생님 말씀이다.

드러커 박사는 원래 오스트리아 사람이지만,
히틀러를 피해 미국으로 건너간 사람이다.

드러커 박사는 독일에서 나치가 그와 같이 행악할 수 있었던 데
가장 크게 공헌한 부류는

첫째의 출세주의자나
둘째의 선의의 과대망상의 사람들이 아니라
셋째, 양심을 갖고서도 악에 대해서 침묵한 사람들이었다고 한다.

일제 강점기의 우리의 기억을 더듬어도
이 말은 진실을 갈파한 것 같다.

> DJ SECRET NOTE

민주주의의 존폐를 좌우하는 3가지 관건

민주국가에 있어 언론과 사법부는
민주주의의 존폐를 좌우하는 관건이다.

어떠한 독재나 부패도 언론이 살아 있는 한 영속될 수 없고,
어떠한 부조리나 인권 침해도 법관이 건재하는 한 묵과할 수가 없다.

그런데 언론과 법관보다 더 중요한 것이 있다.
그것은 권리와 책임의식에 무장되어
필요하면 희생을 무릅쓰고 행동하는 시민계급의 존재이다.

이러한 시민계급의 존재야말로 민주주의의 알파이자 오메가이며,
공산주의를 극복해 낼 수 있는 원동력이기도 하다.

DJ SECRET NOTE

지도층의 도덕적 위기

정직하고 양심적인 자보다
악하고 부정직한 자가 성공하는
사회 기풍 속에 양심과 전통성이 파괴되고
기회주의와 출세주의가 판을 쳐온 사실을 본다.

지도층들이 정직, 언행일치, 검소, 청렴, 근면, 봉사
등의 모범을 보이지 못했을 뿐만 아니라
그 반대의 경우가 허다했다는 사실이
도덕적 위기를 초래한 아주 큰 원인이다.

DJ SECRET NOTE

백성은 군왕을 권좌에서 물러나게 할 수 있다

민주주의는 보편적인 것이다.
아시아에서도 민주주의 사상이 있었다.
맹자는 "군왕은 하늘을 대신해서
백성의 행복을 실현시킬 의무가 있다.
그것에 실패했을 때
백성은 군왕을 권좌에서 물러나게 할 수 있다"고 말했다.
문화가 숙명이 아니라, 민주주의가 숙명이다.

DJ SECRET NOTE

약해도 강한 참된 용기

우리는 아무리 강해도 약하다.
두렵다고, 겁이 난다고
주저앉아만 있으면
아무것도 변화시킬 수 없다.
두렵지 않기 때문에
나서는 것이 아니다.
두렵지만,
나서야 하기 때문에
나서는 것이다.
그것이 참된 용기다.

그럴 때 우리는
아무리 약해도 강하다.

> DJ SECRET NOTE

큰 사랑의 길

간디가 보여주는 예수의 제자다운 점은
그가 예수와 같이
악에 대해서 철저한 저항을
사양하지 않으면서도
엄격한 비폭력주의를 고수한 점과
적에 대한 저항이,
적이 빠져 있는 죄로부터
그를 구원하겠다는 큰 사랑에
연유한다는 점이라 할 것이다.

비판의
기술

1. 해방 후 지금까지 독재적 군사통치가 판을 칠 때 많은 사람들이 비판을 외면했다. '나는 야당도 아니고 여당도 아니다. 나는 정치와 관계 없다' 라고 자랑스럽게 말하는 사람을 봐왔다.
그러면서 그것이 중립적이고 공정한 태도인 양 점잔을 빼는 것이다. 그러나 이런 사람들은 악을 악이라고 비판하지 않고, 선을 선이라고 격려하지 않겠다는 자들이다. 스스로는 황희 정승의 처세훈을 실천하고 있다고 자기합리화를 할지도 모른다. 물론 얼핏 보면 공평한 것처럼 보일 수도 있다. 하지만 이런 것은 공평한 것이 아니다.
이런 것은 비판을 함으로써 입게 될 손실을 피하기 위해 자신의 양심을 속이는 기회주의적인 태도다. 이것이 결국 악을 조장하고 지금껏 선을 좌절시켜왔다. 지금까지 군사독재 체제 하에서 민주주의와 정의를 위해 싸운 사람들이, 이렇듯 비판을 회피하는 기회주의적인 사람들 때문에 얼마나 많은 좌절감을 느껴왔는지 모른다. 그들은 또한 자신의 의도와 관계없이 악한 자들을 가장 크게 도와준 사람이다. 행동하지 않는 양심은 악의 편이란 말이 바로 여기에 해당될 것이다.

2. 비판은 상대방의 마음속에 수용되어야 제 몫의 기능을 한다. 그렇지 못하면 아무런 유익이 없다. 따라서 먼저 상대방이 마음의 문을 열고 받아들일 수 있는 조건을 만들 필요가 있다. 나는 비판을 하면서 두 가지 원칙을 지켜왔다. 하나는 먼저 상대방의 입장이나 장점을 인정해주는 비판, 그리고 두 번째는 상대방의 인격을 훼손하지 않으면서 하는 비판이다. 상대방의 입장이나 장점을 인정해주지 않으면, 상대방은 비판을 자기에 대한 비난으로 생각하고 수용하지 않는다. 그리고 상대방의 인격을 존중하는 비판을 하기 위해서는 다른 사람들 앞에서는 비판하지 말아야 한다.

DJ SECRET NOTE

신념이 주는 용기

나는 두렵고 겁이 나더라도 할 일은 해야 한다고 생각하는 사람일 뿐이다. 그런 신념이 용기 아닌 용기를 주었다. 그 믿음이 나의 타고난 소심함과 겁을 극복하게 해주었던 것이다.

DJ SECRET NOTE

시시비비

국민이 잘나야 한다. 국민이 현명해야 한다. 국민이 무서워야 한다. 그래야만 우리는 민족 정통성, 민주 정통성, 정의 사회, 양심 사회를 구현할 수 있다. 사람이 제값을 하고 사는 사회를 만들 수 있다. 민주주의라는 나무는 시시비비를 먹고 자란다.

DJ SECRET NOTE

비폭력과 무저항의 차이

나는 비폭력주의자이다.

그렇다고 무저항주의자는 아니므로

나는 비폭력 저항주의자이다.

> DJ SECRET NOTE

이순신 장군이 인간으로서 가장 위대한 이유

우리나라의 역사의 인물 중에서 세종대왕, 이순신 장군, 전봉준 장군,
세 분을 특별히 존경해 왔다.
특히 이순신 장군은 인간이 가장 완전하고 위대하게 될 수 있는
그 정점의 모범이라고 평가하였다.

전략가로서,
전투지휘자로서만이 아니라
위대한 발명가로서,
애민(愛民)의 지도자로서,
문인으로서,
경세가로서,
높은 경지에 이른 정신적 달인(達人)으로서
그 이상의 사람을 찾아볼 수가 없기 때문이다.

DJ SECRET NOTE

젊은 홍위병 동원이 위험한 이유

중국에서 혁명을 성공한 모택동이 패배한 원인은
문화대혁명 시기 무리한 강행 때문이다.
결국 끈질긴 저항의 벽에 부딪혀서
이미 모택동 생전에 한발 한발 후퇴하기 시작한 것이다.

인간적인 과오이다.
즉, 수십 년 혁명동지이며
국가와 당의 최고 지도자를 위시하여
군대, 학교, 공장, 관청 등
온갖 기관에서의 지도층들을
10대, 20대의 홍위병을 동원해서
육체적·인격적인 모욕을 가하면서 축출했던 것이다.

DJ SECRET NOTE

진정한 애국의 길

애국의 실체는 백성이다.
백성이 애국하고,
백성을 위해 애국해야 한다.

소수자가 애국을 농단하거나
소수자를 위한 애국이 되지 않도록 해야 한다.

그러기 위해서는 백성이 똑똑하고 강해져야 한다.

DJ SECRET NOTE

진정한 정치가 할 일은

억압받는 자와 가난한 자의 권리와 생활을 보장하고
그들을 정치의 주체로서 참여케 하는 것이다.

올바른 정치인의 길

정치인은 최선이 아니면 차선을 선택해야 한다.
상황이 나쁘면 차악을 택해야 할 때도 있는 것이다.

정치인이라면 현실을 살펴 미래를 향한
진리를 구하는 것이지 진리만 붙들고 현실을
도외시하면 안 된다.

여덟,

더불어 사는 행복한 삶의 길

DJ SECRET NOTE

DJ SECRET NOTE

너그러운 강자의 길

용서와 사랑은 진실로 너그러운 강자만이 할 수 있다.

사랑하는 데 있어서 어려운 것은
자기가 원치 않는 사람,
심지어 증오한 자를 용서하고 사랑해야 한다는 것이다.

이웃사랑을 실천함에 있어서
절대로 내가 의롭다던가
착한 일을 했다던가 하는
교만에 빠져서는 안된다.

DJ SECRET NOTE

두 가지 경쟁

경쟁에는 형제적 경쟁과 적대적 경쟁이 있다.
전자는 경쟁자와 협력을 통해 남을 살리면서 또는 남을 살리기 위해서 경쟁한다.
후자는 고립해서 투쟁하며 남을 파멸시키면서 또는 남을 파멸시키기 위해서 경쟁한다.
전자는 자기와 남을 다 같이 성장시키고, 후자는 자기와 남을 다 같이 좌절시킨다.

DJ SECRET NOTE

가난이 두려운 것이 아니다

가난이 두려운 것이 아니다. 가장 두려운 것은 가난한 자들이 자신의 가난을 억울하다고 생각하는 것이다. 그러한 사회는 아무리 물질적으로 성장하더라도 건강한 사회라 할 수 없다.

어리석은 미움

남을 용서하지 않고
미워하는 것은
자기 자신의 마음을
증오와 사악으로 괴롭히는
자기가해自己加害의
어리석은 행동이다.

DJ SECRET NOTE

정치는 예술이다

정치도 하나의 예술이다. 물론 정치를 잘못할 때는 국민을 괴롭히는 질곡이고 혐오와 불신의 대상이 될 수 있다. 그러나 정치를 잘해 모든 국민이 자유와 정의 속에 행복을 누리게 될 때는 더없이 아름다운 예술이 된다. 국민의 일부, 혹은 특정세대만이 아닌 모든 국민에게 기쁨을 주는 원대한 예술이다.

DJ SECRET NOTE

더 나은 세상을 위해

더 나은 세상을 위해서는
자유를 위한 투쟁,
번영을 위한 투쟁,
그리고 정의를 위한 투쟁,
이 세 가지가 삼위일체를 이루어야 한다.

DJ SECRET NOTE

모두가 함께 가는 길

진정한 정치가 할 일은 억압받는 자와 가난한 자의 권리와 생활을 보장하고 그들을 정치의 주체로서 참여케 하는 것이다.
그리고 이러한 과정에서 억압하던 자와 빼앗던 자들도 그들의 죄로부터 해방시켜서 올바른 대열에 참여하도록 해야 한다.
그럴 때 정치는 예술이 된다.

> DJ SECRET NOTE

용기 있는 자만이 용서할 수 있다

용기 있는 사람만이 용서할 수 있다. 국민 외에는 누구도 두려워 하지 않는 사람, 올바른 사람은 반드시 승리한다는 확신을 가진 사람만이 진정한 용기를 낼 수 있다. 용서야말로 최대 승리라는 철학과 신념을 가진 자만이 자신 있게 용서할 수 있다. 그들에게는 권력의 칼을 빼앗긴 빈손의 독재자를 두려워할 이유가 없다.

DJ SECRET NOTE

화이부동 (和而不同)

사람을 대할 때 마음을 온통 열고 그를 받아들여야 한다. 그리고 나를 아낌없이 그에게 주어야 한다. 온몸으로 받고 주어야 하며 그와 하나가 되어야 한다. 이 말은 그의 결함이나 계략을 눈감아 주라는 말이 아니다. 그것을 능히 보면서 온몸으로 대하고 주고 받으라는 말이다. 군자는 화이부동한다 君子和而不同.

DJ SECRET NOTE

조선조 500년 당쟁의 참극

우리나라 조선조 500년의
당쟁의 참극과
그 정신적 악의 유산이
아직도 우리 사회에 배회하고 있는 사실을 우리는 잘 알고 있다.

전진을 위한 두 개의 수레바퀴

주어진 상황을 바꿔보려는 변화에 대한
인간의 끝없는 열망이 역사의 신보를 가져왔다.
보수도 필요하지만, 개혁도 필요하다.
보수와 개혁은 전진을 위한
두 개의 수레바퀴와 같다.

> DJ SECRET NOTE

하늘의 마음

민중은 일관해서 역사를 움직이는 원동력이 되었으며, 우리가 살아남은 것도 그들의 마음속에 올바른 것과 의로운 것을 향한 소망의 불이 가냘프나마 꺼지지 않고 타올랐기 때문이다. 신라와 고려와 조선왕조의 흥망을 볼 때 표면의 무대에서 낯내고 도는 광대야 누구였건 간에, 사회의 저변에서 꿈틀거리며 무력하고 우둔해 보이는 민중의 지지를 받은 자만이 흥했으며 이를 잃었을 때는 망했다. 긴 눈으로 볼 때 민심은 천심이었다.

DJ SECRET NOTE

자유는 의무

자유는 지키는 자만의 재산이다.
그러므로 자유는 권리가 아니라 의무다.
자유는 방종도 아니고
모든 원리에 대한 거부도 아니다.
자유는 인간이 인간답게 살아가고
전인적 완성을 이룩하는 데 필요한
제약과 조건을 자발적으로 받아들이는 행위이다.

DJ SECRET NOTE

내 삶의 존재양식

나라를 사랑하고 그 겨레를 사랑한 사람은 마땅히 찬양받고 존경받아야 할 것이다. 그러나 많은 경우에 그들은 오히려 그로 인해서 박해받고 누명을 쓴다. 그러므로 의롭게 살려는 사람은 보상에서 만족을 얻으려 하지 말고 자기 삶의 존재양식 그 자체에서 만족을 구해야 한다. 그리고 역사는 반드시 바른 보답을 준다는 사실에서 위로를 받아야 한다.

DJ SECRET NOTE

좋은 벗을 얻기 위해서는

쓸모없는 사람은 찾아오지만
좋은 벗은 내가 찾아가서 사귀어야 한다.

DJ SECRET NOTE

나와 같지 않은 사람

합리적으로 사고하는 사람은 남도 똑같이 합리적일 것이라고 믿으며,
양심적인 사람은 남도 다 그런 것으로 알고 처신한다.
우리가 처세에서 실패하는 큰 원인의 하나가 여기 있다.

DJ SECRET NOTE

행인의 외투를 벗긴 것은 태양의 따뜻함 *

'강풍과 태양의 경쟁'을 예로 유명한 이솝 우화에서
행인의 외투를 벗긴 것은 강풍의 힘이 아니라 태양의 따뜻함이었다.

미국의 외교정책은 침략이나 영토확장을 위한 강한 의지를
바탕으로 한 태양정책을 적용한 곳에서는 성공했다.

그러나 강풍정책만을 적용한데에서는
전체주의 체제를 변화시키는데 실패했다.
전자의 예는 소련, 동유럽, 중국 등이고
후자의 경우는 베트남, 쿠바, 북한이다.

* 김대중 이시장이 미국 〈헤리티지 재단〉의 초청을 받아 '강한 의지에 입각한 태양정책'
이라는 주제의 기조연설에서 한 내용이다.

DJ SECRET NOTE

국민의 뜻으로

민족주의는 민주적이어야 한다.
그래야만 대외적으로는 독립과 공존을 양립시킬 수 있고,
대내적으로는 통합과 다양성을 병행시킬 수 있다.
민주주의 없는 민족주의는 쇼비니즘과 국민 억압의 도구가 되기 쉽다.

DJ SECRET NOTE

산업주의, 민족주의, 민주주의

근대화는 세 가지 측면이 있다.
하나는 기술과 생산의 향상으로 풍요로운 생활을 가능케 하는
산업주의요, 둘은, 민족 단위의 국가를 형성하여 그 독립을 유지하는
민족주의요, 셋은, 각국과의 평화로운 협력 속에 국민의 자유와
평등과 복지를 향상시키는 민주주의이다.
이 셋은 근대화의 성취를 위해 어느 것이나 불가결하다. 그러나
그중에서도 민주주의는 산업주의가 다수의 행복에 봉사하게 하기
위해서, 민족주의가 남의 민족의 권리를 내 민족의 그것같이 존중하게
하기 위해서 더욱 불가결한 요소다.

DJ SECRET NOTE

스스로 결정하는 길

민주주의는 한마디로 요약하면 government by the people이다. 참여의 정치다. 참여의 정치란 백성이 주인 되는 정치, 백성이 자기 운명을 스스로 결정하는 정치, 백성이 스스로 신이 나서 건설하고 나라 지키는 정치, 백성이 그 속에서 발전하는 정치이다.

DJ SECRET NOTE

지구적 민주주의를 향하여 *

아시아인들이 민주주의의적 가치를 점점 더 많이 수용하고 있으나,
우리는 기존의 민주국가들로부터의 교훈을 배울 필요가 있다.

서구사회는 민주제도를 실현하는 과정에서 많은 문제점을
경험하였다.
예를 들어 서구의 국가들은 자신의 민족국가의 영역내에서는
민주주의를 실천하였으나 그 밖에서는 그렇지 않았다는 사실을
상기할 필요가 있다.

반면 아시아에서의 민주주의는 자주성을 보다 더 장려해야 하고
문화적 가치를 존중할 필요가 있다.
이 같은 민주주의만이 국민의 의사를 참되게 반영하는 것이며,
이는 모든 사회의 구성원들이 빠지지 않고 참여함으로써 가능해 지는
것이다.

그래야만 민주주의는 그 국민의 비전을 반영할 있고 정통성을 갖는
지구적 민주주의로 승화될 수 있다.

* Foreign Affars 1994년 11월/12월호에 기고한 "아시아의 민주주의: 문화가
운명인가?"중에서

DJ SECRET NOTE

환경에 대한 투자가 곧 미래에 대한 투자다

지금 우리가 살고 있는 이 땅은 우리들만의 것이 아니다.
자자손손 평화와 번영을 누리며 살아갈 삶의 터전이다.
우리 모두가 환경보전에 대한 결연한 의지를
다시한번 가다듬어야 할 때이다.

20세기가 개발과 이용의 시대였다면
새 세기는 보전과 복원의 시대가 될 것이다.

환경에 대한 투자는 곧 미래에 대한 투자이다.
이제 환경은 단순히 자연자원의 보전 문제가 아니라
국가경쟁력의 중심요소가 되고 있다.

자연은 배반하는 법이 없다.
우리가 기울이는 노력만큼 보답한다.

자연은 이제 정복의 대상이 아니라
함께 해야 할 공생의 대상이다.

만물을 형제자매처럼 생각하자

나는 민주주의와 인권존중이 글로벌화되고
지구환경을 보존하기 위한 노력이 가일층 글로벌화되어야 한다고
생각한다.

글로벌화 · 정보화가 외형적 효율성과 물질적 풍요에만 집착한 나머지
인간의 자유와 인권의 존엄성 그리고 지구환경의 보존을
등한시한다면 우리는 인간행복의 기본조건을 잃게 될 것이다.

글로벌화 · 정보화가 인간중심으로 진전될 수 있도록
정부 · 시장 · 시민사회가 서로 협력을 도모하여야 할 것이다.

특히 오늘날 파멸의 길을 걷고 있는 지구촌을 구하기 위한
전인류적인 노력이 기울여져야 한다.
지금은 지구를 어머니로 여기고
모든 만물을 형제자매처럼 생각하는 새로운 환경관이 필요할 때이다.

환경과 인권존중 등 인류의 공동선을 위해 노력하는
NGO들의 적극적인 활동이 기대되며,
이들에 대한 국제사회의 관심과 지원이 요청되고 있다.

아홉,

아름답게 생을 마감하는 길

DJ SECRET NOTE

DJ SECRET NOTE

참고 견디는 자에게

오늘은 결코 어제가 아니다.
내일은 결코 오늘이 아니다.
세상은 반드시 변한다.
내일은 오늘의 고통이 감소되기도 하고,
축복으로 변하여 나타나기도 한다.
그러니 참는 데까지 참아야 한다.
참는 것이 축복이다.

DJ SECRET NOTE

타인

내가 행복해하는 일이라고 해서 반드시 다른 이에게까지
행복한 일이 되는 것은 아닐 것이다.
나는 그가 아니고 그는 내가 아니기 때문이다.

DJ SECRET NOTE

아직 오지 않은 날에 대한 믿음

인간의 역사에 아직도 많은 죄와 고난이 남아 있음에도 불구하고, 큰 눈으로 볼 때 세상은 보다 정의롭고 보다 살기 좋은 방향으로 전진하고 있는 게 사실이다. 과거에 비추어 봤을 때 우리는 이러한 진화가 정신적으로 물질적으로 점점 더 많이 이루어지리라는 것을 의심할 이유가 없다. 이는 단순한 신학의 논리가 아니라 과학의 증명이기도 하다. 그러므로 우리는 미래에 대한 믿음과 희망 속에 조용하고 평화로운 마음으로 모든 악과 고난을 받아들이고 또 이를 극복하도록 노력해야 한다.

DJ SECRET NOTE
권할 만한 위선

인간은 어떤 의미에서는 누구나 위선자다.
우리가 선을 행할 때 그것이
자신의 습관이 되었거나
감정적으로 즐거워서 행하는 경우는 적다.
이를 무릅쓰고 이성과 의지로써 행하는 것이다.
그러나 이러한 위선은 이기적인 동기에서가 아니라
반대로 이타적인 동기에서 나타난 행동이기 때문에
권장할 만한 것이다.

DJ SECRET NOTE

마지막 모습

사람은 마지막이 좋아야 한다.
아무리 큰 업적을 남겼다고 하더라도
마지막을 잘 맺지 못하면
그 사람에 대한 평가는 좋을 수가 없다.

> DJ SECRET NOTE

뒷모습이 아름다운 사람

무엇보다도 물러날 때가 중요하다.
아쉬울 때 떠나는 것이 제일인 것이다.

DJ SECRET NOTE

그대 어디에 서 있는가

역사는 항시 우리에게 질문한다.
그대는 어디에 서 있으며,
과거로부터 무엇을 배웠으며,
현재 무엇에 공헌하고 있으며,
후손을 위해서 무엇을 남기려느냐고.

DJ SECRET NOTE

부처님이 도를 깨달은 후에

부처도 도를 깨달은 후
이를 널리 펴려는 생각은 전혀 없었다고 합니다.

그러나 민중의 정경을 그대로 볼 수 없어서
마침내 "어두운 이 세상에서 나는 끝없이 북을 치리라"고
일어섰다고 야스퍼스는 말하고 있습니다.

길 위에 선 우리

우리는 넘어지면 끊임없이 일어나 새롭게 출발해야 한다.
인생은 종착지가 없는 도상의 나그네다.

DJ SECRET NOTE

악을 대하는 네 가지 태도

칼 야스퍼스는 악에 대해서
공자·석가·소크라테스·예수의 네 분의 태도를
이렇게 전하고 있습니다.

공자는 "선을 선으로 대하고 악을 정의로 대하라" 했으며
부처는 "인내와 자비로 악을 대하라" 했으며
소크라테스는 "악을 악으로 대하면 정의가 아니다"라고 했습니다.

이에 대하여
예수님은 "원수를 용서하고 그를 사랑하며
그를 위해 기도하라" 했습니다.

DJ SECRET NOTE

모두 용서받아야 할 대상

남을 용서하는데 있어서 우리가 첫째로 알아야 할 것이 하나 있다. 그것은 자신이 용서받아야 할 대상이라는 사실이다. 이것은 누구도 부인할 수 없는 사실이다. 우리는 하루에도 몇 번씩 마음속에 남에 대한 증오와 사악한 마음, 남의 불행을 바라는 심정들을 품는다. 또 때로는 남이 모르는 가운데 나쁜 짓도 한다. 공산 치하에서 감옥살이와 온갖 고문과 싸우면서도 탁월한 용기와 신념으로 하느님을 증거한 루마니아의 목사님이 이렇게 말한 적이 있다.

"만일 내가 일생 동안 품고 살아온 사악한 마음의 비밀, 남에게 발견되지 않은 갖가지의 잘못된 행동들이 그대로 영화의 스크린에 드러난다면 나의 아내조차 함께 살지 않으려고 할 것이다."

그러므로 용서는 그 어떤 자선이나 권리가 아니고 의무다. 용서는 이미 영국의 예에서도 본 바와 같이, 사회적으로도 꼭 필요한 성공의 조건이다. 그러나 용서는 사람을 용서하는 것이지 그 죄악과 나쁜 제도를 용서하는 것은 아니다.

DJ SECRET NOTE

마음의 평화

용서하는 것은 인간의 권리가 아니라 의무다. 그러므로 용서가 큰 미덕이라기보다는 용서하지 않는 것이 큰 잘못이다. 사실 용서할 수 있는 사람을 용서하는 것은 진정한 용서가 아니다. 용서할 수 없는 것을 용서하는 것이 참 용서요, 인간 승리의 극치다. 용서하는 삶, 그 삶은 바로 용서받는 삶이요, 마음의 평화를 누리는 삶이다.

DJ SECRET NOTE

인간에 대한 사랑

만일 나의 삶과 영혼이 조금이라도 더 풍요로웠다면 그것은 위대한 인물들과의 마음으로부터의 교류와, 그들로부터 받은 값진 교훈의 열매들 때문이다.

사람에게 있어서 가장 고귀한 선물은 바로 인간 자신에 대한 사랑인 것이다.

상식

위대한 인물은
위대한 상식인인 것이며,
위대한 생각은
온전한 상식 위에서만
형성될 수 있다.

DJ SECRET NOTE

내가 존경하는 사람

나는 특정인 한두 사람만 존경하지 않는다. 백성을 하늘같이 받들고 헌신하는 사람들, 행동하는 양심이 되어서 무엇이 되느냐보다는 어떻게 사느냐에 힘쓰는 사람들, 성인으로부터 길거리의 초동에 이르기까지 사람을 보고 배우되 그것을 내 것으로 재창조한 사람들, 누구든지 이런 사람들을 존경해왔고, 또 지금도 존경하고 있다.

DJ SECRET NOTE

성자와 덕인

인류의 숭배와 추종을 받은 사람은 지식의 정상에 오른 철학자가 아니라, 이웃을 사랑하고 인류를 위해 몸 바쳐 노력한 인격의 성자들이다. 또한 같은 학우들 중에서도 남의 추종을 받고 성공하는 사람은 공부를 잘한 사람보다 덕망 있는 사람이다. 우리는 이러한 것을 잘 안다.

DJ SECRET NOTE

살아 있다는 증거

변화는 살아 있는 생명체의 자기 증거이다. 변하지 않는 생명체 앞에는 죽음밖에 없다. 그렇다고 감당할 수 없는 급격한 변화는 곤란하다. 그러나 어느 정도의 변화는 모든 생명체나 모든 조직체의 건전한 발전을 위해 꼭 필요하다.

DJ SECRET NOTE

생명을 향한 행동

우리 주변에는 행위 자체가 지극히 단순한 일이라 하더라도 상당한 배려와 마음 씀씀이 없이는 절대 해낼 수 없는 일들이 종종 있다. 꽃을 가꾸고 새에게 모이를 주는 일이 그러하다. 그것은 참으로 단순한 일이지만 쉽지 않다. 어쩌다 한 번이라면 몰라도 꾸준히 지속한다는 것은 진정 그 일을 좋아하지 않는 한 불가능하다. 그것은 그 행위가 생명을 향한 것이기 때문이다.

DJ SECRET NOTE
드미트리를 구원한 깨달음

사실 왜 선인이 패배하고 악인이 잘되느냐 하는 문제는 인간의 종교와 윤리의 역사로도 풀지 못한 오랜 숙제다. 그러나 한 가지 분명한 것은 수난이 자기 자신에 대한 징벌이요, 성공이 선행의 보상이라는 논리로써는 절대로 그 숙제를 풀 수가 없다는 것이다. 도스토예프스키의 《카라마조프가의 형제들》에서 카라마조프는 자기 아버지를 죽였다는 누명을 쓰고 결국 억울하게 유죄 판결을 받았다. 그때 그가 수많은 마음의 갈등과 고뇌와 분노를 넘어서서 깨달은 것이 있다.

드미트리의 깨달음은 이런 것이다. "나는 억울하다. 그런데 왜 나는 시베리아 유형이라는 고난을 겪어야 하는가? 이것은 내가 과거에 지었던 수많은 죄, 내 아버지의 온갖 추잡한 죄는 물론 러시아 민족의 죄까지 짊어지는 것이다. 인간이 공동체의 일원인 이상 인간은 자기의 죄 때문만이 아니라 공동체 성원들의 죄 때문에도 수난을 피할 수 없고 피해서도 안 된다." 이런 의미의 깨달음을 통해 그는 유죄판결을 달게 받는데, 그 깨달음으로 인해서 그는 구원을 받는다.

DJ SECRET NOTE

오래 참는 마음

진정한 사랑과 자비는 인내에서 나온다. 아무리 참기 어려운 모욕이나 멸시도 상대방의 입장에서 생각해보면 이해할 수 있는 경우가 많이 있다. 우리가 다른 사람을 이해하지 못하는 것은 상대방의 입장에서 생각해보지 않기 때문인 경우가 많다.

도저히 참지 못할 일을 만났다고 여겨질 때, 자기 감정을 객관화시켜 상대방의 입장에서 생각해보는 자세가 매우 필요하다.
'정말 못 참을 일인가?' 하고 자문해본다. 그래도 못 참겠다는 대답이 나오면 '그래, 딱 하루만 참아보자'라고 생각한다. 내 경험에 의하면 하루가 지나고 나서까지 참기 힘든 일은 거의 없다. 그렇게 하루를 참고 나면 상대방의 입장을 이해하게 된다.

이해하면 용서하게 되고, 용서하면 화해하게 되며, 화해하면 사랑과 자비의 마음을 갖게 된다. 사랑은 오래 참는다고 했다. 오래 참는 마음, 그것이 사랑과 화합으로 가는 출발점이다. 용서하게 되면 전투에는 지더라도 인생의 전쟁에는 이긴다. 용서하지 않으면 전투에는 이기더라도 전쟁에는 진다.

조급한 마음이 일을 그르치고 사람 사이의 관계를 흔들리게 만든다. 우리는 좀 더 넓은 시야를 가질 필요가 있다. 멀리 보는 사람은 눈앞의 일에 연연하지 않는다. 전투에서 이기는 것도 중요하지만, 근본적인 것은 전쟁에서 이기는 것이다. 전투에서 이겼더라도 전쟁에서 진다면 아무 소용이 없다.

우리의 목표를 조금 멀리, 조금 높이, 조금 넓게 잡도록 하자. 그러면 참지 못할 것이 없다. 참아야 할 이유가 있는 사람은 참을 수 있다. 참지 못하는 것은 고통 때문이 아니라 참을 이유가 없기 때문이다.

열,

DJ SECRET NOTE

바람직한 지도자의 4가지 자질

우리의 바람직한 인물은

첫째, 투철한 역사의식과 명민한 통찰력으로 나라의 갈 길을 정립하고

둘째, 민의를 하늘의 뜻으로 받들 뿐 아니라 국민의 모든 분야에의 참여를 적극 조장해서 국민이 자기 힘으로 자기 운명을 개척하도록 하며

셋째, 도량과 자제와 끈기로써 대립된 의견과 이해를 조정하며,

넷째 근면 · 성실 · 헌신으로 자기 임무를 수행하며

다섯째, 젊은이들에게 희망과 의욕과 참여의식을 고취하는 지도자 이여야 할 것이다.

DJ SECRET NOTE

한국전쟁의 교훈

무엇 때문에 싸워야 했고, 무엇을 위하여 죽어야 하는가?
전황이 바뀔때마다 동족을 죽이는 살육전이 되풀이되었다.
공산군이 물러나면 좌익이, 한국군이 물러나면 우익이 죽어야 했다.
사상이란 도대체 무엇이란 말인가?
사상이 무엇이기에 인간을 야수로 변하게 하는가?
개인과 민족의 행복 위에 사상이 군림해야 한단 말인가?

나는 전쟁을 보았다.
그리고 공산당이 지배하는 세상이 어떤 것인지,
얼마나 우리가 살 수 없는 세상인지도 알았다.
그래서 평생 민족의 화해와 전쟁이 없는 세상을 꿈꾸며 살았다.

DJ SECRET NOTE

내 마음의 눈물 *

1.
내 마음의 눈물은 끝이 없구나
자유찾는 벗들의 신음소리가
남산과 서대문서 메아리 치며
수유리의 영웅들이 통곡하는데
내마음의 눈물이 어이 그치리

2.
내 마음의 눈물은 끝이 없구나
허기진 어린이가 교실에 차며
메마른 여공들이 피를 토하고
꽃같은 내 딸들의 육체를 탐내
외국의 건달들이 떼지어온대
내마음의 눈물이 어이그치리

* 1973년 7월 16일, 부인 이희호 여사의 신앙심에 가득찬 러브 레터(Love Letter)에 대해 김대중 대통령이 망명지에서 쓴 '내 마음의 눈물'이라는 답시이다.

DJ SECRET NOTE

나의 마지막 소원 *

나는 아마도 사형 판결을 받고
또 틀림없이 처형당하겠지만
내가 처형당한다는 것은 처음부터 각오하고 있는 것입니다.

내 판단으로는 머지않아 민주주의가 회복될 것입니다.
그때가 되거든
정치적인 보복이
이 땅에서 다시는 행해지지 않도록 부탁하고 싶습니다.

이것이야말로 내 마지막 소망이고,
또 하느님의 이름으로 하는 내 마지막 유언입니다.

* 군사법정에서 사형선고를 받기 직전 1시간 40분동안의 최후진술중에서

DJ SECRET NOTE

정신적으로 위기의 순간에 *

1980년 9월 17일 사형선고를 받은 이후
나는 갑자기 하느님의 존재에 대한 의심이 엄습했다.
정신적으로 위기의 시간들이었다.

나는 답을 얻기 위해
플라톤 · 아리스토텔레스 · 데카르트 · 칸트
그리고 기타 철인들의 글을 읽었다.
그러나 누구도 하느님의 존재에 대한 나의 의문을 풀어 주지 못했다.

그러다 얻은 결론은 예수님의 부활이었다.
그것은 간절했으니, 구원과도 같은 것이었다.

예수님의 부활은 신앙의 신비이기도 하지만,
역사적 사실로서도 근거가 상당히 객관적이라고 생각한다.
그리스도 교도를 박해한 사도 바울의 회심과
그의 초인적이며 헌신적인 포교 활동,
그리고 마침내 겪은 순교는
그가 체험한 부활하신 예수 없이는
설명할 길이 없다고 생각된다.

* 당시 '사형수' 김대중은 아내 이희호 여사와 함께 같은 날 똑같은 시각에 '신과 죽음'을 떠올렸다고 회상한다.

DJ SECRET NOTE

죽음 같은 절망 속에서 흘린 감사의 눈물 *

죽음이 무서웠다.
판결을 기다리는 몇 달 사이에
몸무게는 10킬로그램이나 축이 났다.
육군교도소에서 사형수로서 아내를 만났을 때는
서로 눈물 한방울 비치지 않았는데
청주에서 아내를 만났을 때는 눈물을 참지 못했다.
살아있음의 눈물이었다.

나는 청주교도소에 도착하자마자 곧바로 이불속으로 들어가
"하느님 아버지"를 부르며 마구 울었다.
눈물이 하염없이 쏟아져 나왔다.
그러다 지쳐 잠이 들었다.

* 김대중에게 있어서 '작지만 큰 대학'이었던 감옥 생활이 어느정도 세상에 공개된 것은 군사법정에서 사형선고를 받은 이후 무기 징역으로 감형되고 나서 1981년 1월 31일 청주교도소로 이감되면서 부터이다. 당시에 옥중서신의 형태로 쓴 글이다.

DJ SECRET NOTE

내 운명이 당장 어떻게 될지라도

그동안 당신과 가족, 친지들의 고초가 얼마나 컸습니까?
당신에 대해서는 감사한 말뿐이오.
나는 내 운명이 어떻게 되더라도
모든 것을 주님께 맡기고
그분 뜻대로 이루어지기만을 매일 기구합니다.

나는 온 세상 사람이
예수님을 부인해도 그분을 사랑하겠소.
나는 모든 과학자들이 그분의 부활을 조롱해도
나의 신념에는 변함이 없소.

DJ SECRET NOTE

죽음을 내다보는 한계상황 속에서 *

지난 5월 17일 이래
우리 집안이 겪어 온 엄청난 시련의 연속은
우리가 일생을 두고 겪은 모든 것을 합친다 해도
이에 미치지 못할 것입니다.

그중에서도 당신이 맡아서 감당해야 했던
고뇌와 신산(辛酸)은
그 누구의 것보다 컸고 심한 것이었습니다.

나는 지금까지
나 자신이 어느 정도의 신앙을 가지고 있다고 믿었습니다.

그러나 막상 이제 죽음을 내다보는 한계상황 속에서의
자기실존이라는 것이 얼마나 허약한 믿음 속의 그것인가
하는 것을 매일같이 체험하고 있습니다.

예수님의 부활은 신앙의 신비이기도 하지만,
역사적 사실로서도 근거가 상당히 개관적이라고 생각됩니다.

세속적으로 볼 때 나는 결코 좋은 남편도 못되며,
좋은 아버지도 못되었습니다.

내가 할 수 있는 일은
오직 이 모든 일을 위해서
주님의 은총이 내려지도록 기구하고 또 기구하는 것뿐입니다.

나는 당신과 같은 좋은 아내를 가졌으며,
착하고 장래성이 있으며,
아버지를 이해해 준 자식들을 가졌다는 것을
새삼 행복하게 생각하며,
우리 집안의 장래에 큰 희망을 갖고 있습니다.

그리고 당신에 대해서
좋은 남편 노릇을 못한 나의 수많은 잘못을
당신이 관용해 줄 것을
다시 한 번 마음으로부터 간구합니다.

* 1980년 11월 21일, 사형수 김대중이 아내 이희호에게 보낸 옥중서신이다.

다섯 번의 죽을 고비 속에 드린 기도 *

주님은 저의 무거운 짐을
한없는 애정으로 같이 져 주셨습니다.
생각하면 저같이 주님의 은혜를 많이 입은 사람도 없을 것입니다.

주님,

6.25 당시 공산군 감옥에 갇혔던 저를
220명의 재소자 중 140명이나 학살되는 가운데서
탈옥해서 살도록 했습니다.

주님은 71년 국회의원 선거 지원차
전국을 지원 유세하는 제 차를
14톤 대형 트럭으로 들이받아
교통사고를 빙자해서 죽이려는 음모를
간일발의 위기 속에서 좌절시켰습니다.

주님은 제가 1973년 8월 8일부터 13일까지
5일 동안 납치되었을 때

시종 저와 같이 계시면서 제 목숨을 살려내셨습니다.
그리고 마지막에는 재작년의 사형판결에서 저를 구출하였습니다.

아아, 주님의 크고 깊은 은혜여!

제가 무엇이기에
주님께서는 저에게 이렇게 큰 은혜를 베푼 것일까요?

주님은 제게 세 번 나타나셨습니다.

하나는 납치 당시 납치자들이
바다에서 저를 꽁꽁 묶어서
이제 막 물에 던지려고 들고 나가려는 순간
제 옆에 계신 모습으로 나타나셨는데
제게 삶의 구원이 온 시간이었습니다.

두 번째는,
재작년 제가 수사기관에 있을 때
"두려워하지 말고 믿기만 하여라"는
회당장 야이로에게 하신 말씀의 소리로 나타나셨습니다.

셋째는,
제가 여기 교도소로 온 직후 꿈에 나타나셨는데
죽음의 곳에 버려지기 위해
발가벗겨진 채 혹한 속에 수레에 실려
교외의 황야로 끌려갔을 때
하늘에서 내린 두 줄기 빛이
저와 저를 끌고 간 일꾼까지 따뜻하게 해주면서
저를 다시 안전한 곳으로 데려오셨습니다.

* 1982년 12월 15일, 사형수 김대중이 주님께 드리는 기도문이다.

사형수의 애끓는 마음 *

면회실 마루 위에 세 자식이 큰절하며
새해와 생일 하례 보는 이 애끓는다
아내여 서러워 마라 이 자식들이 있잖소

추야장 긴긴밤에 감방안에 홀로 누워
나랏일 생각하며 전전반측 잠 못 잘 때
명월은 만건곤하나 내 마음은 어둡다.

* 1982년 1월 6일은 사형수 김대중의 생일이었다.
아들들이 찾아와서 무릎을 꿇고 큰 절을 했다.
사형수 김대중이 감방으로 돌아와 쓴 애절한 시조이다.

DJ SECRET NOTE

신은 과연 존재하는가 *

예수의 부활을 입증할 수 있는 객관적인 증거로서
나는 3가지 근거를 들 수 있습니다.

첫째, 십자가 처형 때 그를 버리고 달아난 제자들의 생명을 건 회심,

둘째, 예수를 원수로 알고 박해했던 사도 바울의 결사적 전도의 일생

셋째, 예수가 그렇게 비참하게 (유태인에게는 거리낌이 되고
헬라인에게는 어리석게) 죽었음에도 불구하고 그의 사후에 즉시
하느님으로 추앙된 세계 종교사상 전무후무의 사실 등으로써
입증된다고 생각합니다.

* 1982년 4월 26일, 사형선고를 받은 이후 사형수 김대중이 죽음의 공포속에서 신에 대한 회의를 하며 아내 이희호 여사에게 쓴 옥중 서신이다.

DJ SECRET NOTE
검찰이 바로 서야 나라가 선다

검찰은 대통령 범죄 수사도 하고,
나는 새도 떨어뜨린다는 정치인도
순식간에 구속할 수 있다.

검찰이 바로 서면
부정부패를 저지르지 못할 것이다.

그러나 과거 검찰은 권력의 지배를 받고
권력의 목적에 따라 표적 수사를 많이 했다.

나도 당해봐서 안다.
1989년 용공 조작 당시,
밀입북 사건과 관련해 검찰이
서경원 씨를 사흘간 잠 안 재우고 고문까지 해서
나에게 주지도 않은 1만 달러를 줬다고 허위 자백하게 했다.

검찰이 바로 서야 나라가 선다.

DJ SECRET NOTE
인동초의 눈물 *

인동초는 가을에 익은 열매가 겨울 눈속에서 더욱 붉었다.
가녀린 인동초가 겨울을 버티는 것은
머지않아 봄이 온다는 믿음 때문 아니겠는가?
그러나 그 모습은 웬지 슬프다.

처연한 아름다움, 인동초에는 눈물이 깃들어 있었다.
맞다.

지지자들이 나를 바라보며 흘린 눈물,
그 눈물이 모여 강물을 이루었고
나는 그 강물을 타고 거슬러 올라가 마침내 대통령이 되었다.

돌아보면 많은 사람들을 울렸다.
나 또한 많이 울었다.
그런 내가 눈물 나게 대통령이 되었다.

이제 내가 저들의 눈물을 닦아 줘야 했다.
지난 겨울이 혹독했던 만큼
내일의 봄날은 아름다워야 했다.
새벽에 일어났다.
새날이었다.

* 사형수 출신의 대통령 김대중이 네 차례의 대권도전 끝에 승리한 이후 자신의 자서전에 쓴 글이다.

DJ SECRET NOTE

대통령이 반드시 지켜야 할 15가지 수칙 *

1. 사랑과 관용 그러나 법과 질서를 엄수해야.
2. 인사정책이 성공의 길이다. 아첨한 자와 무능한 자를 배제.
3. 규칙적인 생활, 적당한 운동, 충분한 휴식으로 건강을 유지.
4. 현안파악을 충분히 하고 관련 정보를 숙지해야.
5. 대통령부터 국법준수의 모범을 보여야.
6. 불행한 일도 감수해야 한다. 다만 최선을 다하도록.
7. 국민의 애국심과 양심을 믿어야 한다. 이해 안 될 때는 설명방식을 재고해야.
8. 국회와 야당의 비판을 경청하자. 그러나 정부 짓밟는 것 용서하지 말아야.
9. 청와대 이외의 일반시민과의 접촉에 힘써야.
10. 언론의 보도를 중시하되 부당한 비판 앞에 소신을 바꾸지 말아야.
11. 정신적 건강과 건전한 판단력을 견지해야.
12. 양서를 매일 읽고 명상으로 사상과 정책을 심화해야.
13. 21세기 대비를 하자. 나라와 국민의 미래를 명심해야.
14. 적극적인 사고와 성공의 상(像)을 마음에 간직.
15. 나는 할 수 있다. 하느님께서 같이 계시다.

* 재임 5년간 무려 27권에 달하는 김대중 대통령이 직접 쓴 '국정운영을 위한 시크릿 노트'에는 "성공적인 국정운영을 위한 대통령 수칙 15개항"이 꼼꼼히 적혀있다.

DJ SECRET NOTE

협상을 성공으로 이끄는 대화의 6가지 원칙

나는 각국의 정상들과 대화를 할 때 나름의 몇가지 원칙이 있었다.

첫째, 어떤 경우도 상대방에게 "아니다(NO)"라고 하지 않는 것이다.
둘째, 되도록 상대방 말을 많이 들어주는 것이다.
셋째, 상대방과 의견이 같은 대목에서는
　　　꼭 "내 의견과 같다"고 말해 주는 것이다.
넷째 할 말은 모아 두었다가 대화 사이사이에 집어넣고,
　　　그러면서도 꼭 해야 할 말은 빠뜨리지 않는 것이다.
다섯째 회담 성공은 상대의 덕이라는 인상을 주도록 하는 것이다.
여섯째가 가장 중요한데, 상대를 진심으로 대하는 것이다.

DJ SECRET NOTE

공개적 유언 *

여러분께 간곡히 피맺힌 마음으로 말씀드립니다.

'행동하는 양심'이 됩시다.

행동하지 않는 양심은 악의 편입니다.

* 6.15 남북 공동 선언 9주년 기념행사가 있었던 6월 11일, 김대중 전 대통령이 마치 공개 유언을 하시는 듯한 심정으로 외쳤던 연설의 한 내용이다.

죽어서도 죽지 마십시오 *

노무현 대통령, 당신,

죽어서도 죽지 마십시오.
우리는 당신이 필요합니다.

당신이 우리 마음속에 살아서 민주주의 위기, 경제 위기, 남북관계
위기 이 3대 위기를 헤쳐 나가는 데 힘이 되어 주십시오.

당신같이 유쾌하고 용감하고 그리고 탁월한 식견을 가지는 그런
지도자와 한 시대를 같이했던 것을 큰 보람으로 생각합니다.

저승이 있는지 모르지만 저승이 있다면 거기서도 가꺼이 만나서
지금까지 하려다 못한 이야기를 나눕시다.

그동안 부디 저승에서라도 끝까지 국민을 지켜 주십시오.

* 김대중 대통령은 노 대통령의 자살은 결국 이명박 정권에 의해서 강요된 것이나
마찬가지라고 생각하였다. 하지만 당시 여러 가지 사정으로 추도사를 공개하지 못한
이후 자신의 자서전을 통해 비로소 노무현 전 대통령의 영전에 조사를 바쳤다.

DJ SECRET NOTE

죽을 때까지 불의와 싸울 것 *

예수님,
이 나라의 민주주의와 민생 경제와 남북 관계가 모두 위기입니다.

이제 저도 늙었습니다.
힘이 없습니다.
능력도 없습니다.

걱정이 많지만 어찌해야 할 지를 모르겠습니다.
예수님께서 저희 부부에게 마지막 힘을 주십시오.
마지막 지혜를 주십시오.
나라와 민족을 살펴 주십시오.

나이가 드니 눈물이 많아진다.
하기야 나는 어렸을 적부터 잘 울었다.
도깨비가 나올까 봐, 어머니가 돌아가실까 봐 울었다.
그런 내가 그동안 거대한 독재정권과 싸운 것은
아마도 그 눈물이 시켰을 것이다.
눈물처럼 맑은 것이 어디 있을 것인가.

독재 정권과 맞서 싸우다 희생된 젊은이들도 여리고 고왔다.
그들은 맑고 순수하기에 목숨을 던져 불의와 싸웠을 것이다.
그들을 생각하면 자꾸 눈물이 나왔다.
나는 죽을 때까지 불의와 싸울 것이다.
어찌 나 혼자 원로라고 대접받으며 고고한 척할 수 있단 말인가.
눈물을 닦고 다시 호통칠 것이다.

* 김대중 대통령이 퇴임 이후 이명박 대통령의 거듭되는 실정속에 대한민국이
민주주의와 민생 경제, 그리고 남북관계 등 총체적 위기를 겪고 있다는 판단속에서
"행동하는 양심"을 호소하며 자서전에 쓰신 글이다.

인생은 생각할수록 아름답다 *

일생 동안 악의 속삭임에 무수히 흔들렸음을 고백한다.
그러나 하느님과 국민들을 배반할 수 없었다.
굳건하게 나를 지켜 준 아내를 낙담하게 할 수 없었다.
아이들에게 거짓을 가르칠 수 없었다.

나는 정치를 심산유곡에 핀 순결한 백합화가 아니라
흙탕물 속에 피어나는 연꽃 같은 것이라 여겼다.
악을 보고 행동하지 않는 은둔과 침묵은 기만이고 위선이다.

인생 끄트머리에서 돌아보니 너무도 많은 고비들이 있었다.
그 고비마다에는 또 헤아릴 수 없는 수 없이 많은 사람들이 있었다.
그들이 진정 고맙다.
나 때문에 고통을 받고, 다치거나 죽은 사람들이 얼마나 많은가.

나는 많은 사람을 울렸다.
그러면서도 그들의 눈물을 제대로 닦아 주지 못했다.
그들에게 진정 용서를 구하고 싶다.

나는 참 눈물이 많은 사람이다.
혼자 조용히 앉아 내가 은혜 입은 것을 생각하고 있노라면
나도 모르게 눈시울이 뜨거워진다.

그리고 그가 개인이든 단체든
국내든 국외든 기회가 있으면 꼭 은혜를 갚아야겠다고 다짐한다.
그래서 나는 성격적으로, 누구를 오래 미워하지 못한다.

내가 너무도 슬프고 한많은 경험을 했기 때문에
내 옷소매에 눈물이 떨어질 때
내 손목을 잡아 주던 사람의 은혜를 절대로 잊지 못한다.

한순간이라도 정신을 놓으면
목숨을 잃는 칼날 위에 섰고,
때로는 부귀영화의 유혹을 받기도 했지만
그래도 매번 바른 선택을 했다고 생각한다.
살아온 길에 미흡한 점은 있으나 후회는 없다.
우리들은 한때 세상 사람들을 속일 수 있지만
역사를 속일 수는 없다.
정의는 역사의 편이다.

나는 마지막까지 역사와 국민을 믿었다.

* 김대중 대통령은 자신에게 닥쳐올 피할 수 없는 육체적 죽음을 예감하면서 다음과 같은 유언에 가까운 마지막편지를 자신의 자서전에 남기고 홀연히 떠나갔다.

본문출처

DJ SECRET NOTE

하나, 절망적 위기의 순간이 찾아왔을 때

운명이 내민 도전장_새로운 시작을 위하여 | 김영사 | 37p
불운을 만났을 때_김대중 옥중서신 | 한울 | 47p
불행 뒤에 있는 행운_김대중 옥중서신 | 한울 | 79p
우리는 넘어지면_김대중 옥중서신 | 한울 | 245p
값있고 행복한 일생_김대중 옥중서신 | 한울 | 47p
자신의 삶을 메모하라_내가 사랑한 여성 | 에디터 | pp.131~132
문제점보다 더 많은 가능성_새로운 시작을 위하여 | 김영사 | 36p
우리의 대처 여하에 따라서_김대중 옥중서신 | 한울 | 39p
흔들리지 않고 믿어야 할 한 가지_김대중 옥중서신 | 한울 | 316p
낙심하거나 좌절하지 않는다면_김대중 옥중서신 | 한울 | 45p
개혁과 변화를 거부하면 미래가 없다_다시 새로운 시작을 위하여 | 김영사 | 243p
중요한 일과 중요한 것 같이 보이는 일_김대중 옥중서신 | 한울 | 163p
어느 날 갑자기 찾아오는 봄_김대중 옥중서신 | 한울 | pp.349~350
의심할 바 없는 길_김대중 자서전 2권 | 인동 | 16p
살아야 할 의미와 이유_새로운 시작을 위하여 | 김영사 | pp.285-286
아무리 삶이 고통스럽더라도_김대중 옥중서신 | 한울 | 352p

둘, 절망을 성공으로 만드는 비결

절망 속에서 나에게 용기를 준 것_김대중 자서전 2 | 삼인 | 112p
인생에서 성공하는 비결_김대중 옥중서신 | 한울 | 246p
올라갈 때와 내려갈 때_김대중 옥중서신 | 한울 | pp.85~86
역경과 순경 _새로운 시작을 위하여 | 김영사 | 87p, 93p
싸우지 않고 이기는《손자병법》의 비결_다시 새로운 시작을 위하여 | 김영사 | 117p
내 생을 의미 있게 하는 것_김대중 옥중서신 | 한울 | pp.314~315
자유경제 하의 기업인의 윤리_김대중 옥중서신 | 한울 | pp.334~335
꾸준히 한 길을 갈 수만 있다면_김대중 옥중서신 | 한울 | 46p
진로문제를 고민하는 젊은이들에게_새로운 시작을 위하여 | 김영사 | 316p

본문출처

나무와 숲의 조화_새로운 시작을 위하여 | 김영사 | pp.97-98
조화로운 길_새로운 시작을 위하여 | 김영사 | 184p, 김대중 옥중서신 | 한울 | 85p
균형_새로운 시작을 위하여 | 김영사 | 99p
시작은 흥미를 갖는 것_새로운 시작을 위하여 | 김영사 | 99p
가장 적합한 때 가장 적합한 생각_김대중 옥중서신 | 한울 | 164p

셋, 무엇을 위해 어떻게 살 것인가

세상을 사는 지혜_새로운 시작을 위하여 | 김영사 | 72p
한 사람이 사회를 망치는 데는_김대중 옥중서신 | 한울 | pp.351-352
나라의 역경을 함께 극복하는 길_김대중 옥중서신 | 한울 | 97p
강하지만 유연한 길_새로운 시작을 위하여 | 김영사 | pp.223-224
역사속에서 진실한 건설자는_김대중 옥중서신 | 한울 | 388p
창조적 모방_새로운 시작을 위하여 | 김영사 | pp.274~275
삼국지의 조조를 긍정적으로 평가하는 이유_김대중 옥중서신 | 한울 | pp.227-228
인생을 여행하는 자세_김대중 옥중서신 | 한울 39p
마지막 승자는 항상_새로운 시작을 위하여 | 김영사 | pp. 178~181

넷, 행복한 부자가 되는 비결

진정으로 성공한 부자_새로운 시작을 위하여 | 김영사 | 82p
내가 생각하는 행복한 부자_김대중 옥중서신 | 한울 | 245p
황금과 권력을 얻고자 하는 사람은_김대중 옥중서신 | 한울 | 348p
진정한 행복에 이르는 길_김대중 옥중서신 | 한울 | 388p
전인적 행복을 이루는 4가지 요소_김대중 옥중서신 | 한울 | 32p
청년 창업에 있어서 가장 중요한 세 가지_김대중 자서전 1 | 삼인 | 83p
선택의 기준_김대중 옥중서신 | 한울 | 389p
행복의 발견_김대중 옥중서신 | 한울 | 246p
안락과 행복_김대중 옥중서신 | 한울 | 321p

행복한 나날_김대중 옥중서신 | 한울 266p
내 인생이 의미를 갖기 위해_김대중 옥중서신 | 한울 326p
건강의 비결_김대중 옥중서신 | 한울 | 47p
이기심과 탐욕이 가장 큰 죄악_김대중 옥중서신 | 한울 | 315p

다섯, 날로 새로워지는 방법

다시 시작하고 또다시 시작하고_김대중 옥중서신 | 한울 | 119p
모든 지식의 시작_김대중 옥중서신 | 한울 | 350p
나를 젊게 만드는 것_이경규에서 스필버그까지 | 조선일보사 | 239p
이 땅의 젊은이들을 위한 세 가지 당부 | 학생의날 및 학생독립운동 70주년 기념식 대통령 연설문 | 1999.11.3
반성하라, 그리고 발전하라_김대중 옥중서신 | 한울 | 272p
근원적인 것과 표면적인 것_내가 사랑한 여성 | 에디터 | 143p
더 큰 스승_나의 삶 나의 길 | 산하 | 10p
논리와 경험 그 어느 것 하나도_김대중 옥중서신 | 한울 | 247p
문화와 과학_이경규에서 스필버그까지 | 조선일보사 | pp.244~245
사소한 것이 큰 것이다_새로운 시작을 위하여 | 김영사 | 103p
모든 덕 중 최고의 덕_김대중 옥중서신 | 한울 | 267p
스스로를 경계하라_김대중 옥중서신 | 한울 | 200p
참과 거짓의 진짜 의미_나의 삶 나의 길 | 산하 | 123p
대화의 핵심_새로운 시작을 위하여 | 김영사 | 297p
우리의 최종적인 정복 상대는_김대중 옥중서신 | 한울 | pp.387~388
세상이 내게 아무리 뭐라 해도_김대중 옥중서신 | 한울 | 162p
내 옷소매에 눈물이 떨어질 때_김대중 옥중서신 | 한울 | 351p
세상의 것이 아닌 나의 것으로_이경규에서 스필버그까지 | 조선일보사 | pp. 160~161
거울 속 나의 눈_나의 삶 나의 길 | 산하 | 315p, 317p
나를 이긴다는 것_새로운 시작을 위하여 | 김영사 | 208p
마지막 결단은_새로운 시작을 위하여 | 김영사 | 27p
날마다 새롭게 시작하는 인생_김대중 옥중서신 | 한울 | 61p

나만의 몫_내가 사랑한 여성 | 에디터 | 56p
문화 창조력이 국가발전의 원천이다 | 문화의날 기념식 대통령 연설문 | 1999.10.20

여섯, 가화만사성이 행복의 시작이다

가화만사성_새로운 시작을 위하여 | 김영사 | pp.100~101
가족과의 대화에 의식적으로 노력해야 하는 이유_김대중 옥중서신 | 한울 | pp. 178~179
내게 힘을 주는 가족_이경규에서 스필버그까지 | 조선일보사 | pp. 105~106
우리 집안의 세 가지 가훈_김대중 옥중 서신 | 한울 | 40p
나를 다시 일어서게 하는 것_김대중 옥중서신 | 한울 193p
모든 것의 시작은 대화_새로운 시작을 위하여 | 김영사 | pp.233~234
사랑은, 세월이 지나도_김대중 옥중서신 | 한울 | pp. 237~239
경청은 최고의 대화_새로운 시작을 위하여 | 김영사 | pp.290~298
나와 가장 가까운 사람들_김대중 옥중서신 | 한울 | pp.178~179
사랑은 생명을 주는 것_김대중 옥중서신 | 한울 | 297p
완성이 아니라 시작_내가 사랑한 여성 | 에디터 | 180p
아내와 남편_새로운 시작을 위하여 | 김영사 | pp.234-235
신뢰와 존경_새로운 시작을 위하여 | 김영사 | pp.232-233
부부는 닮는다_내가 사랑한 여성 | 에디터 | 36p
인생의 공동 경영자_ 김대중 옥중서신 | 한울 | pp.47~48
함께 서로를 만들어가며_ 내가 사랑한 여성 | 에디터 | 42p
부부생활의 기술_이경규에서 스필버그까지 | 조선일보사 | 50p
내 몸처럼 소중한 당신_새로운 시작을 위하여 | 김영사 | 233p
한 생각, 한 느낌, 한 행동_김대중 옥중서신 | 한울 | 37p
참된 자녀 교육의 길_김대중 옥중서신 | 한울 | 268p
'얼마만큼' 보다 '어떻게' 가 중요한 사랑_내가 사랑한 여성 | 에디터 | 62p
아이는 작은 것도 놓치지 않는다_내가 사랑한 여성 | 에디터 | 254p
어릴 때 도덕적 교육이 일생을 지배한다_김대중 옥중서신 | 한울| 39p
설명이 아니라 느끼는 것_김대중 옥중서신 | 한울 | 48p

일곱, 행동하는 양심을 위한 길

백성이 제일 귀하고 왕이 제일 가볍다 | 오슬로 국제평화연구소 강연 | 1994. 01
피터 드러커 박사로부터의 배움_김대중 옥중서신 | 한울 | pp.217-219
민주주의 존폐를 좌우하는 3가지 관건_김대중 옥중서신 | 한울 | 351p
지도층의 도덕적 위기_김대중 옥중서신 | 한울 | pp.160-161
백성은 군왕을 권좌에서 물러나게 할 수 있다_김대중 자서전 1 | 삼인 | 471p
약해도 강한 참된 용기_새로운 시작을 위하여 | 김영사 | 69p
큰 사랑의 길_김대중 옥중서신 | 한울 253p
비판의 기술_새로운 시작을 위하여 | 김영사 | pp.302-303, pp.305-306
신념이 주는 용기_새로운 시작을 위하여 | 김영사 | 64p
시시비비_새로운 시작을 위하여 | 김영사 | 158p
비폭력과 무저항의 차이_'김대중 내란음모 사건' 1심 재판의 18회 공판(1980년 9월 13일)에서 김대중 최후진술
이순신 장군이 인간으로서 가장 위대한 이유_김대중 옥중서신 | 한울 | pp.134-135
젊은 홍위병 동원이 위험한 이유_김대중 옥중서신 | 한울 | pp.187-189
진정한 애국의 길_김대중 옥중서신 | 한울 | 349p
올바른 정치인의 길_김대중 자서전 1 | 삼인 | 68p

여덟, 더불어 사는 행복한 삶의 길

두 가지 경쟁_김대중 옥중서신 | 한울 | 388p
가난이 두려운 것이 아니다_김대중 옥중서신 | 한울 | 315p
어리석은 미움_김대중 옥중서신 | 한울 28p
정치는 예술이다_이경규에서 스필버그까지 | 조선일보사 | 21p
더 나은 세상을 위해_이경규에서 스필버그까지 | 조선일보사 | 209p
모두가 함께 가는 길_김대중 옥중서신 | 한울 | 389p
용기 있는 자만이 용서할 수 있다_새로운 시작을 위하여 | 김영사 | pp.220~221
화이부동_김대중 옥중서신 | 한울 | 389p
조선조 500년 당쟁의 참극_김대중 옥중서신 | 한울 | 185p

전진을 위한 두 개의 수레바퀴_새로운 시작을 위하여 | 김영사 | 148p
하늘의 마음_김대중 옥중서신 | 한울 | 278p
자유는 의무_김대중 옥중서신 | 한울 | 247p
내 삶의 존재양식_김대중 옥중서신 | 한울 | pp.245~246
좋은 벗을 얻기 위해서는_김대중 옥중서신 | 한울 164p
나와 같지 않은 사람_김대중 옥중서신 | 한울 | 163p
행인의 외투를 벗긴 것은 태양의 따뜻함 | 미국 해리티지 재단 초청연설 | 1994. 09
국민의 뜻으로_김대중 옥중서신 | 한울 | 315p
산업주의, 민족주의, 민주주의_김대중 옥중서신 | 한울 | 350p
스스로 결정하는 길_김대중 옥중서신 | 한울 | 349p
지구적 민주주의를 향하여_Is Culture Destiny? | Foreign Affairs | 1994. 11. 01
환경에 대한 투자가 곧 미래에 대한 투자다 | 제4회 환경의 날 메시지 | 1999. 06. 05
만물을 형제자매처럼 생각하자 | 미 경제전략연구소 기조연설문 | 2000. 05. 15

아홉, 아름답게 생을 마감하는 길

참고 견디는 자에게_새로운 시작을 위하여 | 김영사 | pp.279-280
타인_새로운 시작을 위하여 | 한울 | 55p
아직 오지 않은 날에 대한 믿음_김대중 옥중서신 | 한울 | 325p
권할 만한 위선_김대중 옥중서신 | 한울 | 315p
마지막 모습_새로운 시작을 위하여 | 김영사 | 24p
뒷모습이 아름다운 사람_김대중 자서전 2권 | 인동 | 257p
그대 어디에 서 있는가_김대중 옥중서신 | 한울 | 315p
부처님이 도를 깨달은 후에_김대중 옥중서신 | 한울 | 86p
길 위에 선 우리_김대중 옥중서신 | 한울 | 245p
악을 대하는 네 가지 태도_김대중 옥중서신 |한울 | 117p
모두 용서받아야 할 대상_새로운 시작을 위하여 | 김영사 | pp.111~112
마음의 평화_새로운 시작을 위하여 | 김영사 | 116p
인간에 대한 사랑_내가 사랑한 여성 | 에디터 | 33p
상식_내가 사랑한 여성 | 에디터 | 144p

내가 존경하는 사람_새로운 시작을 위하여 | 김영사 | pp.277-278
성자와 덕인_김대중 옥중서신 | 한울 | 304p
살아 있다는 증거_새로운 시작을 위하여 | 김영사 | 145p
생명을 향한 행동_새로운 시작을 위하여 | 김영사 | 53p
드미트리를 구원한 깨달음_김대중 옥중서신 | 한울 | pp.323-324
오래 참는 마음_새로운 시작을 위하여 | 김영사 | pp.288~289

열, 절망에서 성공하는 DJ 시크릿 노트

바람직한 지도자의 4가지 자질_김대중 옥중서신 | 한울 | pp.259-260
한국전쟁의 교훈_김대중 자서전 1 | 삼인 | 82p
내 마음의 눈물_김대중 자서전 1 | 삼인 | 297p
다섯 번의 죽을 고비 속에 드린 기도_김대중 옥중서신 | 한울 | 376p
검찰이 바로 서야 나라가 산다_김대중 자서전 1 | 삼인 |
인동초의 눈물_김대중 자서전 1 | 삼인 | 673p
대통령이 반드시 지켜야 할 15가지 수칙_김대중 자서전 2 | 삼인 | 46p
협상을 성공으로 이끄는 대화의 6가지 원칙_김대중 자서전 2 | 삼인 | 315p
공개적 유언_김대중 자서전 2 | 삼인 | 46p
죽어서도 죽지 마십시오_김대중 자서전 2 | 삼인 | 591~2p
죽을 때까지 불의와 싸울 것_김대중 자서전 1 | 삼인 | 585~6p

본문출처

* 〈참고문헌〉 중에서 특별한 표시가 없는 인용문의 경우는 해당 본문에 출처를 명기했거나, 하단의 참고문헌 저서와 함께 저자가 김대중 대통령님으로부터 생전에 직접 들은 내용을 정리한 〈시크릿 노트〉를 토대로 작성한 것이다.(편집자 주)

연세대학교 김대중도서관 편, 《김대중 전집 I》(전10권), 연세대학교 대학출판문화원, 2015.
연세대학교 김대중도서관 편, 《김대중 전집 II》(전20권), 연세대학교 대학출판문화원, 2019.
김대중, 《김대중 자서전 1, 2》, 삼인, 2010.
김대중, 《옥중서신 1- 김대중이 이희호에게》, 시대의창, 2009.
김대중, 《다시, 새로운 시작을 위하여》, 김영사, 1998.
김대중, 《나의 삶 나의 길》, 산하, 1997.
김대중, 《내가 사랑한 여성》, 에디터, 1997.
김대중, 《나의 길 나의 사상- 세계사의 대전환과 민족통일의 방략》, 한길사, 1994.
김대중, 《새로운 시작을 위하여》, 김영사, 1993.
김대중, 《후광 김대중 대전집》(전15권), 중심서원, 1993.
김대중, 《김대중 연설문집 1991~1992-사랑하는 젊은이들에게》, 광장, 1992.
김대중, 《한국: 민주주의의 드라마와 소망》, 청도, 1992.

시크릿노트 텀블벅 프로젝트 후원자

김대중-이희호 대통령 부부 탄생 100주년 기념 전기 〈시크릿 노트〉 시리즈
크라우드 펀딩에 참여해 주신 모든 후원자님께 깊이 감사드립니다.

강정순, 강혜정, 고순희 이지현, 구름위지안, 구영손, 구현주, 권준열, 기도하는사람, 김경숙,
김귀경, 김기훈, 김남훈, 김상범, 김성천, 김승호, 김애라, 김연희마리아, 김영란, 김은주, 김은혜,
김제현, 김종수, 김종욱, 김주연, 김지연, 김진숙, 김태영, 김현수, 김환진, 김희진, 나경아,
나승화, 내사랑딱풀, 노해섭, 대한민국만세, 도토리깍쟁이, 디언니, 류승현Rufino,
마나스튜디오 대표 공성술, 만세, 만덕 아빠, 문유정, 문파마왕, 문파자매, 민주주의,
바다로흐르는달빛, 바다시인, 박갑술, 박경진, 박나영, 박남수, 박민우,
박상하 사회경제연구원 대표, 박서정, 박서형, 박세환, 박영애(요양보호사), 박정희(전 대구북구
의원), 발막마을 김수진, 백승협, 백재성, 백종인, 보령할배, 봉영근, 북유게, 사랑해요양산킹카,
서니뱅크, 서동욱, 서혜민, 성신미, 손지혜, 송성구, 시연 승유 유강, 신영미, 신유진, 신정화,
신혜란, 아미가되고픈애미, 안병수, 안태경, 양미례와 김용재, 양미용, 양승안, 양주열, 엄은희,
여호와로이, 유하은, 윤원호, 윤진희, 이강석(거성환경), 이근규 전 제천시장,
이낙연응원하는오둘돌, 이남진, 이미자, 이석기, 이소영, 이수창, 이유동, 이윤교, 이윤석,
이정기 , 이정란, 이정아, 이정옥(따뜻한마음), 이철희, 이충화, 이현애, 이화(은혜), 이휘나,
일산아지매, 임선영, 임채영, 장성철, 전창민, 전혜림, 절세미인, 정미영, 정백, 정은숙,
정치신세계, 정태곤, 정홍진, 조일화, 진돌스, 채정훈, 청보리, 최경은, 최성웅, 최옥태, 최유섭,
최윤화, 최진영, 최혜진집사, 춘하추동, 코코사랑달, 쿨타운, 퀴달리에,
필로스페이스 대표 황필호, 한국공간정보통신 김인현, 한국중소기업경영자협회, 한방울,
한영식, 한유미, 홍성원, 홍정민, 황금산, 황연순, 힐데가르트, Ahn, Gil dreamer, hey,
SKS, sora, zzomthe